記憶力を強くする
最新脳科学が語る記憶のしくみと鍛え方

记忆脑科学

[日] 池谷裕二 著　范宏涛 译
Yuji Ikegaya

湖南科学技术出版社
·长沙·

只 为 优 质 阅 读

好
读
Goodreads

目 录

前 言   01

第一章 从脑科学来看记忆   001
   1 出租车司机的记忆力   003
   2 脑部神经细胞的想象作用   006
   3 人为什么会有个性   008
   4 如何保护神经细胞   010
   5 出租车司机的脑子是不是更大   013
   6 只有得到锻炼才能提升记忆   015
   7 充实的环境和充实的记忆   017
   8 莫里斯的水迷宫实验   019
   9 常识与科学   022

第二章 记忆司令部"海马"   023
   1 记忆的不可思议之处   025
   2 记忆的司令部"海马"   027
   3 得到进化认可的记忆   029
   4 顺时针运行的金太郎糖   033
   5 是重生还是过劳死   037

6	为什么只能记住 7 个数	039
7	想不起来的也是记忆吗	043
8	"误解"也算记忆吗	047
9	记忆是历史的分层	050
10	海马会记忆什么	054
11	记忆的仓库	057
12	决定"命运"的海马	060
13	海马相当于地图吗	062
14	小孩子没有海马吗	065

第三章 大脑和计算机哪个更厉害　　069

1	构成网络的神经细胞	071
2	神经回路和电路	075
3	信号的换乘站——"突触"	080
4	突触的结构	084
5	单向通行的突触	088
6	突触电位和动作电位	091
7	突触在思考	092
8	名为突触的精密机械	097
9	大脑和计算机，哪个更厉害	100

第四章 "可塑性"——大脑可以记忆　　103

1	"绿灯"行，"红灯"停	105
2	失败是成功之母	108

3	大脑是含糊的东西	112
4	探求道路，成为高手	116
5	当大脑进行记忆的时候	118
6	人之所以是人的理由	120
7	是线路图还是时刻表	123
8	某位哲学家的回忆	125
9	赫布法则	128
10	是梦境还是现实	132

第五章　大脑记忆的要素"LTP"　　135

1	LTP的发现改变了世界	137
2	竖起耳朵的LTP	142
3	LTP就是大脑的记忆吗	147
4	科幻世界也有成为现实的那一天	150
5	镜中的LTP	152
6	情绪创造的回忆	155
7	梦的延续	158

第六章　科学地锻炼记忆力　　161

1	是记不住还是不愿记住	163
2	无用的学习法	165
3	记忆的维生素	168
4	放松的心态是记忆毒药吗	171
5	增强记忆力可以消除压力吗	173

6　为什么能考上东京大学　　175
　　7　学习要适可而止吗　　179
　　8　睡眠促进孩童成长——不可思议的"梦"　　184
　　9　普通人是无用的人吗　　188
　　10　天才的秘密　　191
　　11　记忆决定命运　　196

第七章　增强记忆力的魔法药物　　199
　　1　记忆力的兴奋剂　　201
　　2　聪明鼠的诞生　　203
　　3　肝脏和记忆之间的神奇关系　　205
　　4　记忆力是什么　　208
　　5　丧失记忆力的骇人疾病——阿尔茨海默病　　211
　　6　享受美酒　　215

第八章　脑科学的未来　　217
　　1　美好的未来　　219
　　2　获得别人的大脑　　221
　　3　科学可以理解"心"　　223
　　4　为什么是海马　　228

后　序　　232

前言

拿到这本书的读者，我想多多少少对"脑"都感兴趣。对于我们这些处在世界前沿的从事脑研究的科学家来说，"脑"仍然是一个不可思议的物体。这么一个小小的装置为什么会有思考、恼怒、想象等五花八门的功能？坦率而言，我们对此还有很多不了解的地方。从这一层面上来说，脑确实是整个人体中尤为复杂和深奥的东西。

脑被头骨这一坚硬的容器所包裹，与外面的世界隔离开来。和身体的其他部位相比，这是一种独特的构造。此外，脑的重量仅占体重的2%，可是其消耗的氧气和葡萄糖等能量源却占到全身的20%—25%。这些事实，无不说明"脑"的高度特殊性及其对生命的重要性。

脑的复杂活动，由脑中的大约1000亿个神经细胞来运营。脱口而出的这1000亿，实际上是一个难以想象的数字。比如世界总人口已经超过60亿。所以就算把地球人口全部加起来的数量，也远不及一个人脑部的神经细胞数。

还有一个重要的事实，那就是神经细胞之间都有着密切的联系。和电脑复杂的电回路一样，脑也是由神经细胞所产生的精密的"神经回路"发挥作用的。包含神经回路在内的神经细胞之间的连接点叫作

"突触",据说人脑的突触总数最多能达到 1000 兆个。平均下来,一个神经细胞可以产生 1 万个神经细胞和神经回路。人类社会也是由人和人之间的相互联系构建起来的,但是每天都和 1 万个人互相联系,则几乎是不现实的。而且,每个神经细胞 1 分钟之内要发生数百次到数万次的联系,实在是不可思议。我们常听人说世界之广大,可是上述数据让我们切实感受到"脑的世界更广大"。作为一个私密空间,脑真可以算得上一个"小宇宙"。

在科学技术日新月异的今天,脑的部分神秘功能终于被探明。撰写本书的目的,就是和大家一起围绕"记忆""学习"这些脑部功能中尤为复杂的问题展开思考。比如:记忆如何存储在脑里?"记忆力"原本是什么东西?要想增强记忆力,有什么好的办法?我想一边让大家思考,一边引导大家了解现代脑科学前沿的研究。

如果弄明白了记忆的机制,从而可以控制记忆力的话,那么学校考试时,学生也许就会轻而易举地考好了。此外,如果能学到更多的东西,我们也能过上更加丰富多彩的生活。不仅如此,对记忆的研究,还可以为阿尔茨海默病等痴呆疾病的预防和治疗提供巨大的突破口。脑科学家们每天都在记忆的研究领域刻苦攻关。现代脑科学已经抓住了增强记忆力的"把手"。对此,我们将站在前沿,直接向大家介绍脑科学的有关研究成果。

我想马上就把我们脑科学家最新的研究成果告诉大家,不过还是控制住了这种激动的心情。因此,本书首先呈现给大家的是脑科学的基本概念和记忆机能。接下来,就是围绕"海马"和"LTP(长时程增强)"的前沿话题,为大家讲述在现实生活中如何锻炼记忆力。闷头学习对脑并没好处，因为脑自己有其高效的学习方法。如果知道了脑的这一机制，那么自然就知道怎么做了。脑的功能非常深奥，如果本书能让大家对此有所了解，我将不胜荣幸。

第一章

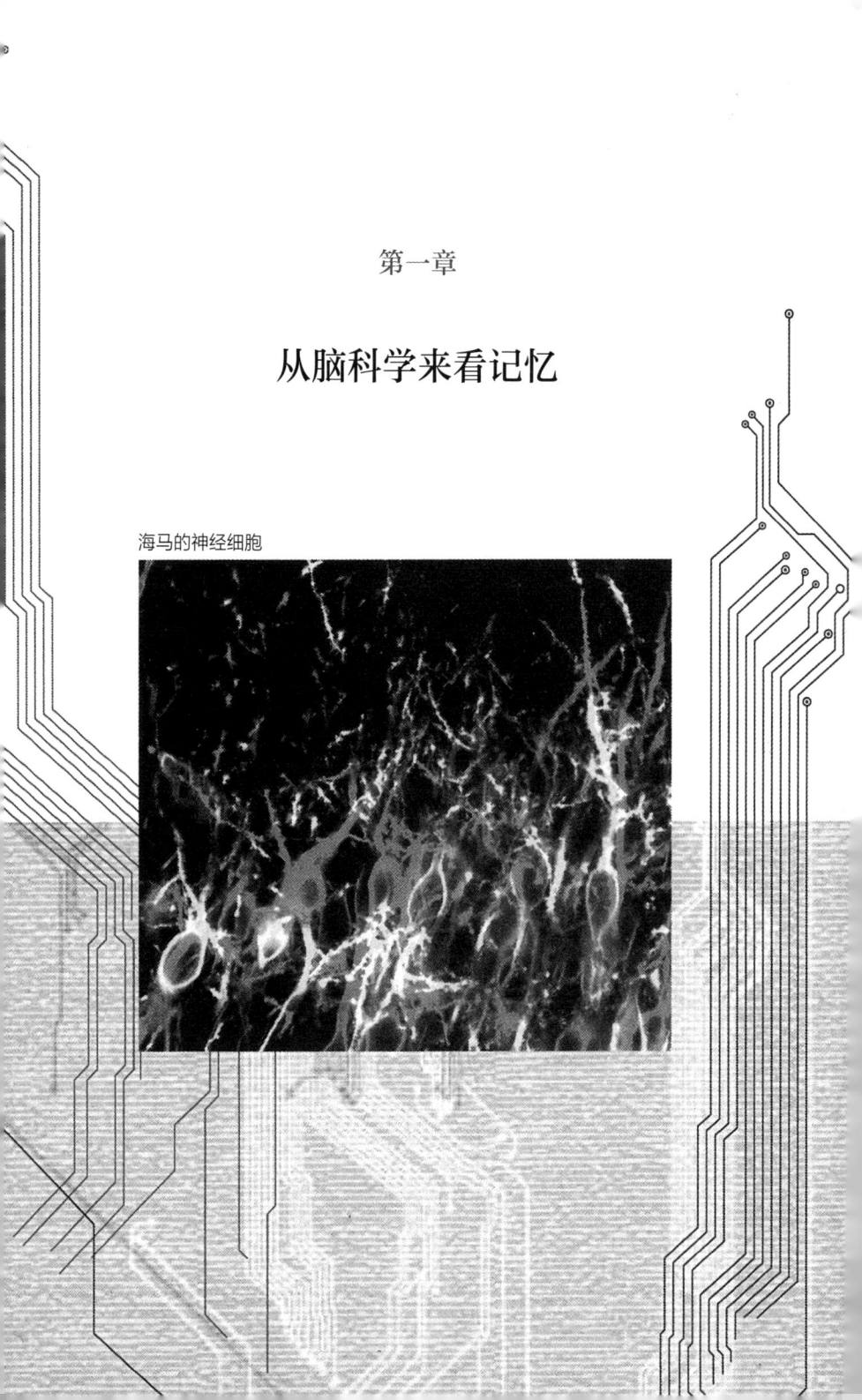

从脑科学来看记忆

海马的神经细胞

1

出租车司机的记忆力

我特别喜欢夜里池袋的街道。那里有着急回家的上班族，有在十字路口熙熙攘攘朝气蓬勃的年轻学生，有挂着红灯笼的小酒馆，有别具一格的咖啡店，也有灯光明亮的快餐店。这些纷杂的人和事物在那里保持着绝妙的平衡。

有一天，我和朋友在池袋喝酒。席间，我们谈论着各种各样的话题，享受着心花怒放的快乐时光。这种愉悦，让我完全忘记了白昼的喧嚣，也让人觉得散席尚早。可是当我反应过来时，我才发现已经错过了末班电车。

我住的地方从池袋步行走回去的话会比较久。这种时间节点，就只能叫出租车了。好在当天运气不错，很快就叫到了一辆车。在我坐到了停在跟前的出租车里面后，司机看到我醉醺醺的样子，便用十分客气的语气问我："您要到哪里？"他的待客态度让人感受到了他的老练，从而顿生好感。我说了地址后，司机就平稳地驾驶起来，令人陶醉的池袋的街景随之消失在了身后。

坐车到家大约需要20分钟，我像往常一样呆呆地望着窗外的风景。坐出租车时我一贯如此,不过当天面对东京那七拐八拐的复杂路面,我的大脑一片混乱。现在行驶在哪条路上?哪边是南哪边是北?下一个十字路口是往左拐还是往右拐?我就像是被载上车并带到了一片陌生土地的小狗一样,虽然目不转睛地看着流动的景色,但记不住车子走过的任何一条路线。于是,不觉地陷入自我厌倦之中,觉得自己的记忆力一片空无。

可是,出租车司机却能按照既定路线准确地行驶,令人惊异。当我刚一告诉他我要去哪里时,他就径直开往目的地。也许在那一瞬间,司机就在脑子里演练了一遍,知道了该走哪条路、该如何拐弯。他的脑海中,肯定储藏着一幅无数条路纵横交错的东京地图,而且细之又细。

图1 依靠记忆开车的出租车司机

当然，不仅仅是记地图，经验也很重要。比如这个十字路口周末经常施工，所以必须从前一个十字路口拐弯，或者这个时间绕过这条路就不用等红绿灯，这些长年累月积累下来的知识和经验都很宝贵。毋庸置疑，这些知识和经验作为"记忆"都保存在了大脑之中，所以出租车司机的思考和判断，自然会依赖于自己存储的"记忆"。

也就是说，他们驱使自己大脑中记忆的"地图"和"经验"之后，连最新的电脑都望尘莫及的复杂思考就能瞬间开启。这样一来，他们就能正确且灵活地思考出去往目的地的路线。我在感叹"人脑真是不可思议"的同时，这也勾起了我想要思考人脑功能如何巧妙运作的好奇心。那么，出租车司机究竟是怎么记住常人难以记住的复杂路线图的呢？

2

脑部神经细胞的想象作用

　　人体由无数细胞构成。人脑一样，也是由细胞组合而成的。这种在今天看来已经众所周知的事实，实际上大约在100年前才被发现。生物是细胞的组合这一认识很早以前就有了，但当时的人认为脑是具有神秘性的特殊存在，属于例外。不仅如此，据说大量研究者认为科学无法解释人脑不可思议的能力。更有甚者，从宗教学的角度来看，不少人都觉得对敬畏的对象进行科学的探索是一种禁忌。

　　在这样的潮流中，意大利解剖学家卡米洛·高尔基和西班牙神经组织学家卡哈尔，对人脑的构造进行了科学研究，发现了神经细胞承担着大脑复杂且精巧的功能，他们的光辉业绩得到认可，并于1906年获得了诺贝尔奖。

　　自从卡米洛·高尔基和卡哈尔对神经细胞进行了详细的描述之后，神经科学领域取得了长足进步。现在，有关脑科学的研究结果更加详细。研究结果显示，人脑大约有1000亿个神经细胞，每个神经细胞的直径为10~50微米，相当于头发直径的1/2到1/10。约1000亿个细胞，就这样紧紧地簇拥在一起。

而且，细胞的存在方式并非没有清晰的秩序，它具有明确的规则性，整齐成列。这种存在方式非常明确，并没有因人而异。任何人的大脑，几乎都有大致相同的神经细胞，神经细胞几乎都以同样的顺序排列。脑分为大脑、小脑、延髓，甚至更细小的部分，每个人的脑部都是如此。即使用显微镜进行更为详细的观察，细胞的存在方式和形状，也几乎没有什么个体差别。

此外，如图2所示，脑有许多褶皱。迄今为止，我们听到过很多孩子苦恼地倾诉，他们的父母责骂他们说"你的脑部褶皱太少，所以很笨"。然而实际上，脑部的褶皱状态也不会因人而异，每个人的脑部褶皱都一样。

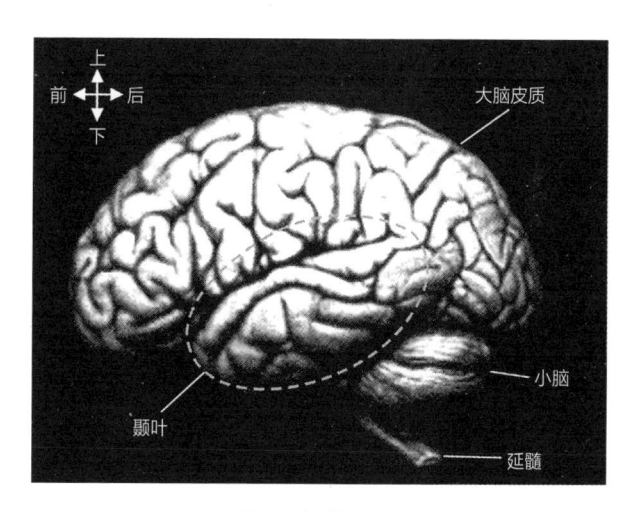

图2 人脑的外观

3

人为什么会有个性

脑部的构造和神经细胞的存在方式几乎没有个体差异,但是从一个人来看,人的一生中神经细胞的数量会持续变化。实际上,人的神经细胞数量在其刚出生时最多,然后随着年龄的增长而逐渐减少。也就是说,年轻人神经细胞会很多,而老年人的神经细胞会少很多。

而且,神经细胞的减少速度比大家想象的要快得多,一天会快速减少几万个神经细胞,这相当于1秒就有一个神经细胞死掉。就这样,神经细胞每天都会接连不断地死亡。如此一来,从人发育完全到70岁,脑的重量约减轻5%。

神经细胞只减少而一点也不增加,有着充分的理由。因为,神经细胞并没有增殖能力。除了神经细胞外,人体的大部分细胞都有增殖能力。以我们所熟知的肝细胞为例,肝脏通过手术被切除了90%,几个月之内,剩余肝脏中的细胞增殖,可以很好地恢复原样。此外,皮肤、肠道、血液细胞增殖很快,会不断生成新的细胞。和这些细胞相比,神经细胞不具备增殖能力,只会不断死亡。大家在读这本书的时候,神经细胞也在以猛烈的速度减少,死去。一旦死去,神经细胞就不会复活。

那么,神经细胞为什么没有被赋予增殖能力呢?理由恐怕就是保持"脑的个性"吧。请大家试想,如果脑会持续产生新的神经细胞并置换旧的神经细胞,会出现什么情况?神经细胞会思考、会感受、会想象,从而控制人的性格和行动,如果将其全部替换掉,那么那个人就不再是那个人了。也就是说,"今天的我"和"明天的我"其实是两个人。这样的话不要说一个人是否能很好地适应社会,可能对其生存都会产生巨大的不利。

一般来说,生物都是通过吸收外在信息而适应并生存下来的。因此要积累"经验",才能适应环境。对生存来说,"记忆"是不可或缺的东西,但是如果神经细胞不断替换,好不容易存储下来的记忆就会消失殆尽。毋庸置疑,这会不利于生存。正因为如此,脑在漫长的自然淘汰中选择了神经细胞不增殖,而同一个细胞可以使用一生的进化机制。

实际上,这里还藏着破解记忆秘密的"钥匙",对此我们后面再谈。总之,为了"我还是我",为了将"我过去的记忆维持到将来",神经细胞会持续工作。这一点,请大家牢记。神经细胞的生死命运,就像是一个为了保持"脑的个性"的机制。

4

如何保护神经细胞

神经细胞不能增殖，所以死亡的神经细胞不会复活。不仅如此，每天还会死掉上万个神经细胞。这么珍贵的神经细胞竟消失得如此之快，我想觉得极为可惜的应该不仅仅是我一个人。在我看来，神经细胞的消失速度实在是太快了。

不过，这种自然死亡的神经细胞大多是脑部不需要的神经细胞，属于用不到的神经细胞的自然选择。对脑来说，也是合理的。为了不消耗不必要的能量，就需要削减不必要的东西。因为，脑会对神经细胞进行调整。

反过来，如果我们有意识地使得大脑得到充分使用，那么就可以减少神经细胞的死亡数量。实际上，在大约1000亿的神经细胞中，人能够有意识调动的细胞数量只有不到10%，所以不管如何用脑，也几乎不可能减缓神经细胞的死亡速度。因此，对神经细胞不断死亡的这种看似可惜的现象，一般情况下不用过于在意。

图 3　神经细胞很容易受损

不过,有时候也会死掉一些对脑来说必不可少的神经细胞。这种情况下,会对脑部机能产生重大影响。比如,要是有关记忆的细胞大量死亡就会患上"痴呆",要是控制身体运动的神经细胞死亡就会导致"运动障碍"。前者就是阿尔茨海默病,后者最典型的就是帕金森病。所以说,神经细胞的自然死亡作为一种正常现象,在某种程度上虽然不可避免,但是我们仍然需要充分小心,避免神经细胞产生不必要的过早死亡。

比如头部受到强力打击,就很容易导致大量神经细胞死亡。在拳击赛中多次被击倒的拳击手,其痴呆的速度会加快。不仅如此,即便用拳头轻轻地敲击头部,也会导致几千个神经细胞死亡。所以,敲击头部绝不是什么明智之举。甚至有的父母在责骂孩子不好好学习的时候会打孩子的头部,真是让人不忍直视。

除此之外，喝酒也会导致神经细胞过早死亡。大量饮酒会对脑产生极坏的影响，这一点已经得到认证。还有，某些药品也会成为神经细胞死亡的诱因。比如催眠药、麻药、兴奋剂等。需要说明的是，血管容易堵塞虽然对人的脑部不会产生直接影响，但仍需要多加注意。脑部对氧气和营养不足非常敏感。一旦血管堵塞，几分钟内氧气和营养供应不足，神经细胞就会死亡。实际上，老年人发作的痴呆，一般都是血管堵塞导致的。如果饮食中持续摄入大量脂肪，血管组织就会遭到破坏，从而容易堵塞。所以，大家一定要均衡饮食。

类似这样的注意事项我还可以举出许多。不过平常要是太在意的话，生活也不会快乐，所以没有必要过于敏感。只是，为了不让我们好不容易才存储下来的记忆力丧失，我们需要把这些注意事项放在心里的某个角落，只要在日常生活中稍加注意即可。我们每个人都应充分理解神经细胞的特性，然后去守护自己的神经细胞。这就是提高记忆力的第一步。

5

出租车司机的脑子是不是更大

英国伦敦市内有 24000 多条纵横交错的道路。要想记住这些路，即便每天在市内开车的出租车司机也要花好几年。另外，有关道路、转盘、数千个标志物的记忆，真可以称得上海量的"知识"信息。英国认知神经学家马奎尔（注：本书省略人物敬称和头衔，下同）也许和我一样都对出租车司机超强的记忆力表现出了敬服之意，所以便以伦敦市内的 16 名出租车司机为研究对象，并借助 sMRI（结构磁共振成像）这一医疗机器，对他们的脑部进行了研究。sMRI 是能把人脑的切面图投射在电脑上的一门技术，该技术可以对脑部进行细致检查，不会对自然状态下的脑部造成损伤。

如上所述，脑部构造几乎不会因人而异，这一点对专家来说，是一种常识。所以依常理来看，出租车司机不会因为脑部结构与普通人不同，而产生什么奇妙的想法。而且，把出租车司机作为研究对象，堪称奇思妙想。一般来说，研究记忆的学者，其研究对象往往是人、猴子或老鼠，即便以人为研究对象，也没见学者特意召集一帮出租车司机，这着实令人难以置信。在这一过程中，马奎尔不拘一格的独创性研究，产生了我们在这里向大家介绍的意外发现。接下来，他敢于打破既有观念的束缚，自由探索，屡屡产生惊人发现。这些发现，发表在 2000 年美国全国科学院的杂志上。

马奎尔通过自己的全新研究数据，弄清了出租车司机脑子有一部分要比普通人大这一惊人事实。也就是说，在出租车司机脑部相关部位，神经细胞的数量要比普通人的多。这一事实，直接推翻了"人脑袋大小和形状几乎没有差异"的既定常识。

令人惊讶的地方还不止如此。仅凭上述研究结果，还弄不清楚出租车司机脑子有一部分比普通人要大的因果关系。换言之，是因为他们是出租车司机，其脑部相关部位才比较大，还是反过来，因为其脑部相关部位比较发达，才从事出租车司机这一行业呢？对此，尚不明确。于是马奎尔展开了更为详细的研究，解开了这一谜团。研究表明，出租车司机驾车时间越长，其脑部相关部位就越发达，其从业时间越久，神经细胞就越多。握过方向盘 30 年，其脑部的相关部位体积会膨大 3%。

这一发现对研究者来说有两个冲击。第一，一直以为只会减少的脑部神经细胞实际上也有可能会增加。3% 的脑部相关部位如果换算成神经细胞，就相当于神经细胞的数量增加了 20%。对此，脑研究者迄今为止有关神经细胞生存的既有概念就得重新审视。

第二，脑子越用神经细胞就会增加得越多。通过锻炼脑子，就可以增加掌控记忆的神经细胞。出租车司机那卓越的记忆力，就是对脑充分锻炼的结果。其惊人的记忆力，也反映了他们的神经细胞比普通人的要多这一事实。我们在夜色下的池袋遇到的老练的出租车司机，也许就有更多的神经细胞。

6

只有得到锻炼才能提升记忆

和出租车司机一样从事频繁用脑的行业的人,也会出现类似现象。马奎尔的这一研究结果,也给了我们普通人勇气。

也就是说,脑部构造几乎不会因人而异,但是经常用脑,使脑部得到锻炼,神经细胞就会相应地增殖,记忆力自然就会提高。这并不是某些人专属的,任何人只要努力,都有可能实现。比如出租车司机谁都能干,而且干得越久神经细胞越多。在当司机之前,他们的脑子十分普通,只因用脑多了,才得到了锻炼。

更令人吃惊的是,作为马奎尔研究对象的出租车司机,几乎都是成年之后才开始开车。也就是说,神经细胞会在成年之后快速增加。也许有人会犹豫,说:"我已经不年轻了,就算现在锻炼也来不及了。"其实没有必要这么顾虑。实际上,就算是70岁以上的人,只要好好用脑,也能提升记忆力。

出租车司机脑子比普通人发达,这仅限于脑的特定部分。马奎尔的研究结果显示,该部分位于大脑皮质内侧,是一个被称为"海马"的区域。从脑的表面无法看见海马。不过,海马位于"颞叶"这一大脑皮质的里面，每个人耳朵的深处的大脑部位左右各有一个。直径约1厘米，长约5厘米，呈细长弯曲状，像黄瓜一样。关于海马，我们后面再讲。当时，马奎尔就发现了出租车司机是通过海马发挥空间想象。换言之，海马会在人思考各种问题时被调动起来，而且在使用的过程中得到锻炼，进而逐渐膨大，提升人的记忆力。

海马只要得到锻炼，记忆力就会得到提升，如果不锻炼，记忆力就不会增强。后页下方这种简单明了的图示作为一种浅显的事实，很容易浮现在我们的脑海中。

7

充实的环境和充实的记忆

和马奎尔的研究类似,有人曾用老鼠做实验,那个人就是1997年《自然》杂志所刊载的美国生物学家盖治。盖治如图4所展现的那样,准备两个培育箱。给一个培育箱中放入梯子、旋转轮等大量玩具,而另一个培育箱什么也不放,里面是一个闲散环境。然后,把两只老鼠分别放进两个培育箱饲养。也就是说,一只老鼠生活在刺激多的环境,另一只老鼠生活在刺激少的环境。

图4 饲养环境不同的老鼠

后来盖治对成长中的两只老鼠的脑部进行详细的研究，结果发现培育箱中放入玩具的老鼠，其海马十分发达。在这种优裕环境下成长的老鼠，其海马的神经细胞数竟然增加了15%。盖治进一步研究发现，神经细胞的"增殖能力"甚至会上升两倍以上。这是因为，海马得到锻炼后会产生活力。在优裕的环境下饲养的老鼠会玩玩具，相比没有玩具的老鼠，其头脑受到的刺激更多。

更让人吃惊的是，海马的活力和老鼠的年龄没有关系。用人类来类比，老鼠就算到了相当于人类100岁的高龄，其神经细胞的增殖能力依然会上升。这种效果，在其被转移到刺激更多的优裕环境中后，短短几天就能表现得十分明显。将老鼠放在优裕的环境中，无形之中其脑细胞的活力就会得到激发。

在该实验中，值得注意的一个事实是，不同环境下培育的两只老鼠，其学习能力出现了明显的差别。要说学习能力，老鼠当然没有解微分方程，在股票市场进行交易的高智商，只是在解决极其简单的问题方面存在差异。但是，可以做一些简单的测试。比如面对两条路，它们选择其中一条就可以获得食物；再比如报警器一响，它们就会立刻按压杠杆来躲避电击。这些对老鼠来说，都是相当厉害的"记忆"。在大量的有关测试中，我想介绍一下英国心理学家莫里斯的"水迷宫实验"法。

8

莫里斯的水迷宫实验

水迷宫实验是检验老鼠记忆力最有名的测试。如图 5 所示,在直径 2～3 米的池子里注入水,然后让老鼠在水中游泳。虽然老鼠是彻头彻尾生活在陆地上的动物,但无须特殊训练,它们也很擅长在水中游泳。话说回来,游泳本身并非它们的主观意愿,所以一旦被放进水,它们就会想方设法寻找逃生之路。

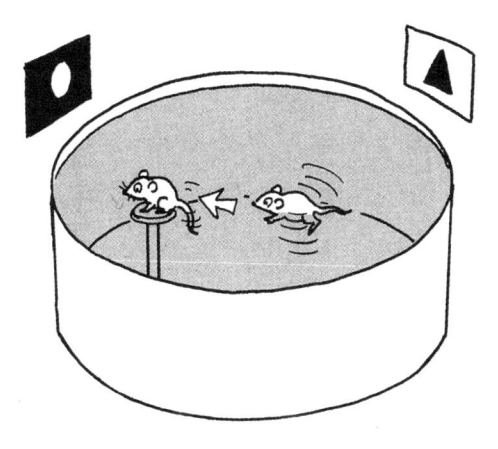

图 5　莫里斯的水迷宫

于是，莫里斯在水池中的某一处做一片浅滩，其大小可以供一只老鼠逃命避难。生性厌水的老鼠，只要一看到这个避难所，就会马上逃向那里。这里有一个要点，就是浅滩避难所位于水下，游泳的老鼠根本看不到。也就是说，第一次被放入水池的老鼠，就必须游来游去，用手脚寻找浅滩。这样的训练每天进行几次，反复进行一周左右。而且，在训练期间，莫里斯每次都故意调整老鼠开始游泳的位置，只不过浅滩在水池中的位置一直不变。

这样一来，用手脚寻找避难所的老鼠随着不断训练，便可以更快地找到避难所。也就是说，水池中是否有浅滩这一绝对的空间位置被老鼠记了下来。训练时游泳的起点有所不同，因此对老鼠来说，寻找浅滩的唯一线索就是在游泳时看到的水池外面的景色，即放置水池的研究室的风景。老鼠一边参考周围的景色，一边依靠自己的记忆找到了可以避难的浅滩所在处。这就是该实验被称为"水迷宫"的理由。

刚开始老鼠寻找浅滩需要花几分钟时间，几天训练下来，它5秒就可以找到。通过测定老鼠到达浅滩耗费的时间，自然就可以正确判断老鼠的学习能力。如此看来，水迷宫实验确实是一个操作简单且可以得出明确实验结果的好实验。其实，我也做过多次水迷宫实验。该实验不仅仅是一个好的实验方法，也会给做实验的人带来巨大的欢乐。尤其是看到亲手培育的老鼠在水池中每天努力学习的样子，我真是无比欣喜。

我们继续谈一谈在刺激较多的环境下培育的老鼠这一话题。和出租车司机的脑一样，神经细胞增殖能力很强的老鼠，其在水迷宫实验中展现出了很强的学习能力。在刺激较少的环境下培育的老鼠需要花

5天时间才能勉强找到浅滩的位置,而在刺激较多的环境下培育的老鼠,只需要2天就能记住位置,也就是记忆力得到了提升。这一事实又一次给予了我们勇气。该研究结果同时也意味着记忆是可以得到锻炼的东西。不仅如此,向来被认为只减不增的神经细胞,只要得到锻炼其活力就会提高。记忆力是变好还是变坏,要看自己是否用心。培育老鼠的环境不同,老鼠神经细胞的活力就会不同。这一事实富有启发性。我们在培养孩子时,最好多多少少对此有所意识。当然,我们自己也应尽可能在刺激较多的环境中经常用脑。如果做不到这样,那也要对周围的事情保有兴趣,培养感觉。如此海马就会自然而然充满活力,从而提升自己的记忆力。

9

常识与科学

神经细胞不具有增殖能力,这对以往的神经科学界学者来说是一种常识。可是,现在发现海马等脑部有限区域,其神经细胞会增加,也会减少。

这种颠覆常识的意外发现,促进了科学的巨大进步。不拘于常识而支持"地动说"的伽利略,曾经恳切地对朋友说:"你为什么只信别人的报告,而不信自己的判断呢?"在研究中,最重要的是不受别人意见左右,要大胆地跟着自己的"感性"走。

在21世纪的今天,神经细胞具有增殖能力已经获得了世界的广泛认可。现在,就有科学家将增殖能力好的神经细胞移植到脑病患者身上,希望助力其治疗效果。一个崭新的发现,的确可以促进科学的巨大进步。在激荡的时代潮流中从事有关脑的研究,每一天确实非常刺激。我将以此为据,向大家讲述更多有关"记忆"的话题。

本书第二章,我将主要讲述"海马"这一影响记忆力的关键部位。

第二章

记忆司令部"海马"

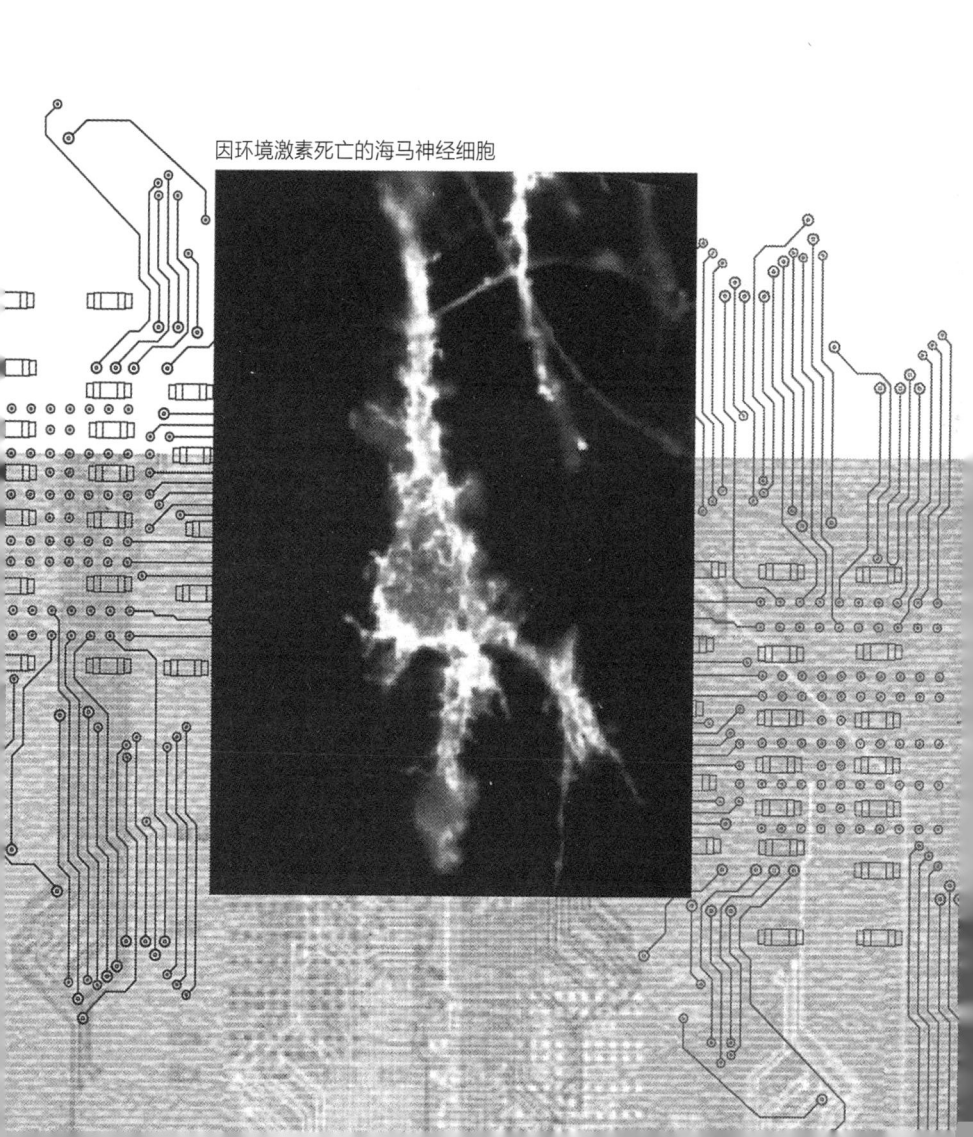

因环境激素死亡的海马神经细胞

1

记忆的不可思议之处

有一次休息日,是晴空万里的小阳春。在一个旅游景点,迎面走来一名20岁出头的青年,我总觉得我和对方的视线碰在了一起。似乎在某个地方见过的青年向我打招呼,我也轻轻点头微笑回应,然后各自朝着不同的方向走去。他是谁?我实在想不起来。我确实认识他,但就是想不起来。我把亲朋好友想了一遍,依然无济于事,导致那一天我一直心结难解。

第二天我像往常一样来到研究室。当我走在研究室前面的走廊上时,突然遇到了那个青年。我想起来了。原来,他是我研究室所在楼栋同一层的另一个研究室的学生。我虽然没有和他有过亲切交流,但经常在楼层的走廊上擦肩而过。总而言之,非常熟悉。

记忆真是一个不可思议的东西。很熟悉的人,在某一时刻偏偏想不起来。反之,虽然想不起来,但在遇到的瞬间却可以判断那个人是"熟人"。之所以有这样的判断,是因为我此前对该青年有着真真切切的"记忆"。

类似这样的经历,大家肯定遇到过。因为我在研究室楼层的走廊上见过他,所以有了这样的"线索",我才能想起来在旅游景点见到的青年是谁。不过,有时候有线索也可能弄不明白。比如在考场上怎么想也想不起来的问题,之后无意之间却忽然浮现在脑海。这种懊悔,实在是难以言表。好不容易才努力记住,真正需要的时候却想不起来。记忆这个不可思议的东西,会让人有切身的瞬间感受。

那么,"记忆"为什么会产生这种不可思议的现象呢?"海马"又是如何与记忆产生关系的?

图6 我好像在哪里见过他

2

记忆的司令部"海马"

海马是一个重要的脑部区域，这在第一章中出租车司机的有关实验之前，很早就得到了认知。将海马的重要性首次明确展示出来的，是美国神经心理学家斯科维尔和米尔纳于1957年所做的研究报告。该报告通过对美国癫痫患者HM（人名代号）的情况进行详细的临床心理学检查而得出。当时，HM的癫痫症状十分严重，药物已经几乎不起作用，所以HM接受了脑部手术。1953年，HM27岁。HM的癫痫，属于典型的枕叶癫痫的一种。他的癫痫，由大脑皮质部分的颞叶内侧的"海马"引起，所以手术需要切除两侧的海马以及周围的很大一部分组织。

HM术后恢复得很好，身体得到了有效改善。这时，大家会以为手术获得了巨大成功。然而，回家后的HM却出现了令人意想不到的情况——重度记忆障碍。他甚至连身边的人的名字和回家的路都记不起来了，以吃东西为例，吃完后都会忘记吃了什么，至于当天发生了什么，压根就想不起来。据说同一幅漫画，他都会看上好几遍。HM就成了这个样子。日复一日，什么快乐或悲伤的事都不会进入他的脑海，他始终就像是梦醒了一样。

不仅如此，经过仔细研究发现，HM连手术前发生的事也记不起来了。这个时间延长至手术前的11年，他16岁以后的记忆都出现了障碍。记不住新事物，医学用语叫作"顺行性遗忘"。反之，回想不起来过去的事，则被称为"逆行性遗忘"。也就是说，HM两者兼有，顺行性遗忘更加严重。

HM对脑研究检查非常配合，到现在为止让众多研究者从不同方面展开了相关研究。结果，大家得到了有关海马的重要发现，从而意识到HM表现出来的异常状况只属于"记忆障碍"，而他的人格和直觉完全正常。他的智商最高可达118，可见其保留了很高的认知水平。所以，他只是记忆力丧失了而已。

在有关HM的研究报告发表之后，还有一个于1986年心脏停搏而导致海马神经细胞死亡的患者BB（人名代号）顺行性遗忘的病例。此外，通过做动物实验也明确了海马的重要性。"海马"这一脑部结构现在越来越受到世界的广泛关注。

3

得到进化认可的记忆

海马对脑来说是一个很重要的部位,所以安全地生长在脑子的深处。正如图2所展示的那样,从表面来看脑部,就无法找到海马。请看图7。该图为了呈现海马,将大脑皮质的一部分剔除了出去。灰色所显示的部分就是海马。如图所示,海马几乎位于脑部的中心,可以很好地避免外界伤害。

请大家仔细对比一下图7的两张插图。首先关注到的,应该是相较两者的整个脑部,海马所占的比例迥异。其中,老鼠脑中的海马所占比例高,而人由于大脑皮质发达,海马几乎被全部覆盖掉了。从生物进化论来看,越是高等动物,大脑皮质越是发达,海马的比例就越小。反过来,即进化论定义的低等动物,海马就会十分发达。

要想判断人体的哪个器官对生命最重要,那就去研究一下那个器官在低等动物身上有多发达。如果对人的生命来说真的必要,那么其在低等动物身上就十分发达。从这个层面上来说,自古在低等动物身上就很发达的海马,在人脑中也属于非常重要的部位。

大脑皮质　图 7-1　老鼠的脑部　海马

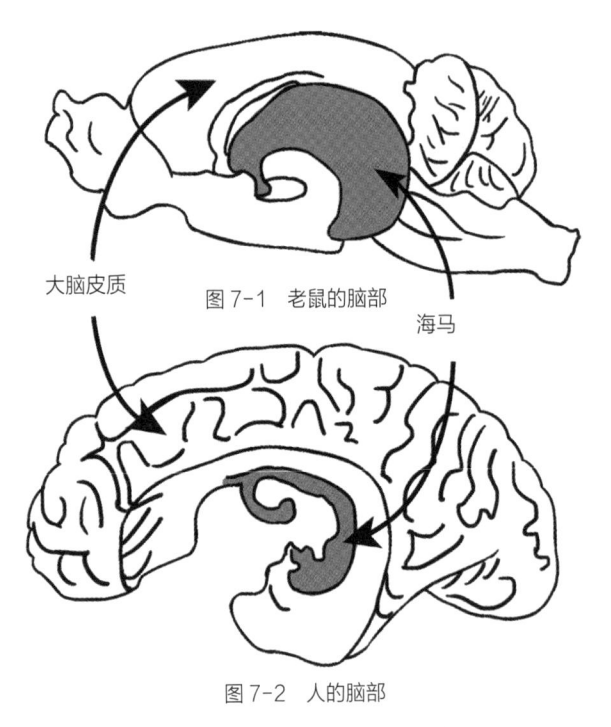

图 7-2　人的脑部

图 7　老鼠和人的脑部海马大小对比图

因此，虽然人脑中海马的比例比较低，海马的重要性却并不低。实际上，为了发挥脑的机能，海马扮演了非常重要的角色。HM 的病例也能说明这一问题。

据推测，人脑的海马中大约有 1000 万个神经细胞。如果说人脑总共的神经细胞有约 1000 亿个，那么海马就是精挑细选出来的少数的精锐集团。

图 8 为通过临床应用的新影像技术 PET（正电子发射体层成像）观察到的人脑剖面示意图。PET 是通过向体内发射正电子的放射性元

素标记的示踪化合物,再通过断层扫描,得到在组织中正电子活动分布图像的技术。通过这种技术,脑部的活动情况就能被仔细观察到。图 8 中,变白的部分就表示正在活动的脑部组织。

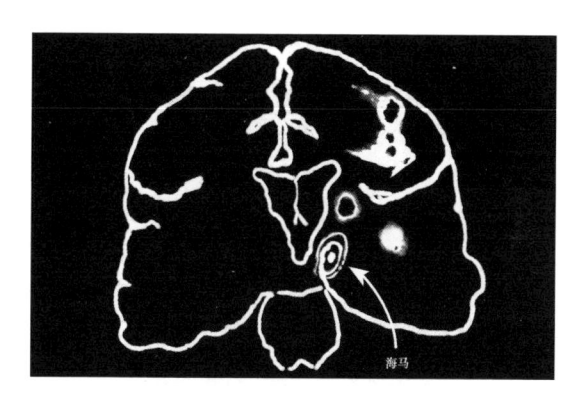

图 8　记忆发生时活动的海马(PET 示意图)

这是在做一个测试,让被实验者预先去记若干个单词,之后给他们提供线索,让他们去想出这些单词。比如,让他们去记"エンゼルフィッシュ"(神仙鱼)这个单词,几分钟后在纸上写一个"エンゼ( )",让他们思考括号里面应该填写什么。图 8 就是人脑正在思考这一问题时的样子。不难发现,右侧的海马活动非常强烈。这是因为,依赖记忆展开思考的时候,海马的神经细胞就会变得异常活跃。通过这个实验也能看出,少数的精锐的海马神经细胞对记忆是多么重要。如果海马不能正常工作,即便脑部其他部分正常工作,那么机体也无法记忆,并会患上遗忘症。上文提到的 HM 的例子,就是如此。

图 9 是在我研究室拍摄的活跃的海马神经细胞。这是通过激光扫描共聚焦显微镜这一特殊装置拍摄到的图片。正因为海马的神经细胞在我们的脑中很是活跃，所以我们才能正常地记住相关东西。这个只有 25 微米的小小脑细胞，令人惊叹。

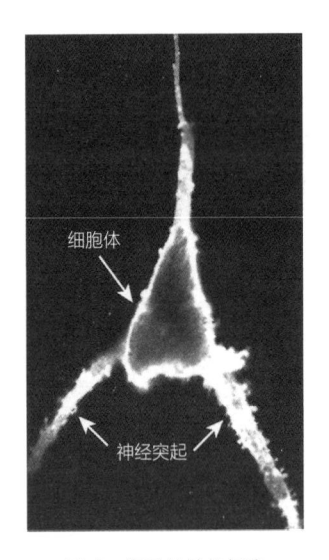

图 9　海马的神经细胞

那么，海马的神经细胞在"记忆"中到底发挥着什么样的作用呢？一言以蔽之，海马神经细胞的作用就是"记忆信息的管理塔"。它收集各类信息，然后将其整合，进行选择和取舍，就相当于记忆的信号塔。我经常将海马比作"炊事员"。这是因为海马会将搬运过来的各种"食材"（信息）进行自由组合，然后做成"饭菜"（记忆）。接下来，让我们观察一下海马如何通过"烹调"来制作记忆。

4

顺时针运行的金太郎糖

翻阅江户时代的学人越谷吾山所著的《物类称呼》这一古书可以发现，海马就被记作"海马"。估计古时候的解剖学家在仔细研究人脑的时候，就发现了隐藏在大脑皮质下弯曲的部位像海马吧。

虽然有了"海马"这个有意思的名字，但当我们在学习海马的时候，相较"海马"，想到"金太郎糖"更让人愉悦。扁状"U"形的金太郎糖，直径大概1厘米。海马就像金太郎糖一样，不管从哪里切开，几乎都呈现出同样的剖面。剖面的样子如图10所示。正如左上图那样，如果仔细观察海马的剖面图，就会发现两条颇有特点的黑色线条。看起来，就像"⊂"和"⊃"互相咬合在一起。

这两条线条的实体，是整列神经细胞的集合体。因为海马的神经细胞，就在这两条线条中整整齐齐地排列在一起。"⊂"和"⊃"有各自的名称。其中，"⊂"叫作"阿蒙角"，"⊃"叫作"齿状回"。有些脑部解剖学家单独把阿蒙角称为海马。本书作者为了避免混乱，就将两者合起来叫作"海马"。

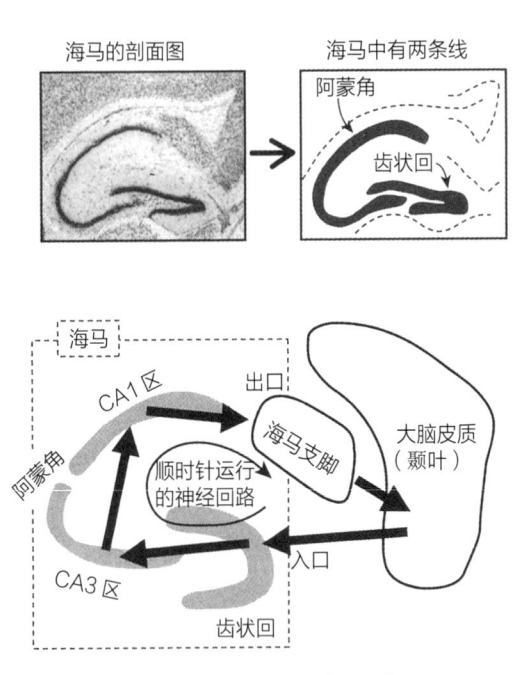

图10 海马的构造和神经回路

阿蒙角和齿状回中有着大约相同的神经细胞，但两者所包含的神经细胞形状和性质却大相径庭。阿蒙角的神经细胞像金字塔一样呈尖锐的三角形，因此被叫作"锥体细胞"。相比之下，齿状回的神经细胞则是那种小小的圆形颗粒状的，所以被叫作"颗粒细胞"。请大家再看一看图9。该图所展示的海马神经细胞就是三角形的。其实，这就是我们拍摄到的阿蒙角锥体细胞。

让我们再细说一下海马的构造。阿蒙角具有锥体细胞的性质，在此基础上分成了四个部分，分别是CA1区、CA2区、CA3区和CA4区。CA1区、CA3区和齿状回相连接形成的三个部分，在神经纤维的连接下形成网状。对此，可参考图10下方的模型图。这种神经回路在20世纪上半叶被西班牙组织学家拉蒙·卡哈尔发现。这是一种非常单纯的神经回路，所以记起来也简单。

　　海马的神经细胞有着明确的出口和入口。入口的角色由齿状回担任，出口的角色由CA1区担任。此外，CA3区则发挥了连接出口和入口的中转作用。也就是说，神经信息先从齿状回进入，然后经CA3区传送，最后被转移到CA1区，再从海马输出。这种"齿状回—CA3区—CA1区"的信号交流被称为"海马的三个主要突触回路"。对脑研究者来说，是十分著名的神经回路。

图11　海马？金太郎糖？

　　如果说齿状回是神经信息的入口，那么那些神经信息是从脑部的何处而来呢？其实，那些神经信息都来源于"大脑皮质"。

　　具体来说，就是来自大脑皮质中被称为"颞叶"的特定区域。颞叶，位于脑的侧面，是认识事物的重要脑部位。通过看、听、摸、闻获取的有关事物的信息,会一边被处理,一边被送往颞叶。这样一来,我们就可以认知眼前存在的某种东西。然后,这些信息会被送到海马。

接下来,进入海马的信息到达齿状回,然后再到CA3区和CA1区。不过,这里会产生一个疑问。进入CA1区的信息,会继续传到哪里去呢?这一问题已经得到解决。那就是通过被称为海马支脚的区域,再回到颞叶。也就是说,来到颞叶的信息会在海马中转上一圈再回到原来的地方。而且,这种信息的传输线路是单行道,就像图10下方的模型图所展示的那样顺时针旋转,绝不会逆时针转回来。所以,必然会经历颞叶—齿状回—CA3区—CA1区—颞叶这样的信息传输顺序。

最为重要的是,海马经过这种路径传输信息的时候,相关信息会被处理、整合和删除。进入海马的信息在被整理成适当的形式后,会再一次回归到颞叶。如果以"饭菜"打比方的话,送到海马中的信息就是"食材",经过海马的"烹调"之后就变成了可供食用的"饭菜",之后再传输到颞叶。当然,海马的神经回路被赋予了"食谱"的特性。这种"信息处理"的现象,以及由"神经回路"所展开的相关运动,对理解后面的问题非常重要,因此我希望大家先记在心里。

5

是重生还是过劳死

我们继续讲一讲进化论。动物的种类不同,其海马的齿状回、CA3 区、CA1 区这三个部位的大小比例也有差异。按照进化论的说法,越是低等动物,其齿状回越是发达。反之,进化论认为动物越是高等,其 CA1 区越是发达。人的 CA1 区则相当发达。看来,CA1 区和脑部机能息息相关。反之,如前所述,从进化论的观点来看,在海马的三个部位中,齿状回是最为重要的区域,承担着最为原始且根源性的作用。

其实,神经细胞得到锻炼,数量会增加,这是齿状回特有的现象。在海马中,具有增殖能力的神经细胞只有齿状回的颗粒细胞。颗粒细胞增加,记忆力就会增强。齿状回是向海马传输信号的入口,入口的神经细胞越多,记忆力就越好。简而言之,能够进入海马的信息容量和"记忆力"有着密切关系。

从美国神经生物学家拉普于 2000 年在《神经科学杂志》发表的研究观点来看,老化导致记忆力低下的老鼠,其齿状回的突触数量竟然减少了一半。也就是说,由于进入海马的"情报"传输难以为继,记忆力就变差了。不过需要说明的是，虽然年龄老化但记忆力没有变差且活力十足的老鼠，和年轻的老鼠具有同样多的突触。

齿状回的颗粒细胞不但会增殖，其死亡的速度也很快。颗粒细胞不断产生，又不断死亡，其更替速度非常迅猛，老的颗粒细胞会被淘汰，新的颗粒细胞会将其更替。令人惊诧的是，只要三四个月时间，全部颗粒细胞都会变成新的神经细胞。无论是孩子还是老人，其齿状回的神经细胞更替都很频繁。

以前脑科学未曾思量的这种特殊的"重生"现象，为什么仅发生在海马的齿状回中？目前还是一个谜。也许，只有齿状回的神经细胞要经历极为残酷的工作吧。年轻的神经细胞活力更好，所以只有年轻的神经细胞不断更新，其工作效率才能提高，而衰老的神经细胞自然会遭到解雇。此外，也有研究者认为工作过于残酷会导致其过劳死。所以，它们只有短短几个月的生命。不管怎么说，齿状回的神经细胞之所以一直在拼命工作，是因为它们承担着十分重要的角色。

还有一点需要注意，那就是增殖的速度和死亡的速度之间的平衡也很关键。增殖的速度更快，那么齿状回的颗粒细胞整体数量就会增加，从而使记忆力提升。反之，如果死亡的速度更快，颗粒细胞整体数量就会减少。这种平衡，隐藏着记忆力增减的秘密。

6

为什么只能记住 7 个数

海马顺时针转动的神经回路是如何关系到记忆的呢？在说明这一问题之前，我们必须详细地讲一讲记忆。

提起"记忆"，大家会想到什么呢？是考试前通宵达旦死记硬背，是新班级里认识的朋友或新单位认识的人，还是踏上陌生土地的风景？不同的人，记忆也各不相同。实际上，记忆这种东西就是不同事物的汇集。所以在脑研究中要有效地弄清楚记忆的实体，就要果断地将记忆进行分类。接下来，我们先说一说记忆的种类和分类方法。

首先，记忆可以按照保持时间来分类。保持时间短的叫"短期记忆"，保持时间长的叫"长期记忆"。有些记忆能够长时间记住，有些记忆好不容易记住又立马忘记。大家都应该有这样的经历吧。虽然口头上说记忆有长有短，但到底应该怎么划分界限，这就成了一个难题。对此，科学家一般把 30 秒到几分钟之间的记忆叫短期记忆，比这更长的记忆叫长期记忆。因为，这两种记忆的使用和存储方式有着明显不同。

打电话的时候，我们通常是一边看电话簿，一边默记电话号码，然后再拨号。当拨完号之后，电话号码基本全忘记了。也就是说，这个电话号码在脑中只是短期存在罢了。这就是短期记忆的典型例子。

此外，有关短期记忆的有名案例还有"心算"。比如"（5+7）÷（4-1）"这道题。刚开始先算出"5+7=12"，接着算出"4-1=3"，最后算出"12÷3=4"。计算出"12"的时候，会先将"12"放到那里，脑子继续进行下一步计算。接下来，把"12"这个数字再从记忆中引出来进行最后一步计算。当所有计算过程结束时，刚开始计算的"5+7"一般都已然忘记。也就是说，"5""7""12"等，只是暂时被记在脑子里而已。如果这些数字没有必要，就无须存储下来，所以相关记忆会被删除。这种短期记忆，就是在需要的时候暂时记住需要的内容就可以。这种短期记忆的例子，真是不胜枚举。

尽管如此，我们也无法使用短期记忆记住所有问题。短期记忆的最大特征，就是一次性记住的对象个数是有限的。一般来说，就是7个。经过训练之后，效果好的话可以记住9个左右，效果差的话，可能只能记住5个。不管怎么说，短期记忆基本上不存在个体差异，人通过瞬间记忆记住的对象个数一般都是7个。这个"7"由美国心理学家米勒研究发现，是广为人知的"魔幻数字"。一周有7天，音阶有7个，甚至漫画或电视剧中出现的主要人物基本上也是7个。如果超过7个，人的脑子就会出现混乱。

图12 凭借短期记忆记住电话号码

记电话号码也完全适用这种情况，可以反映出一种很有趣的现象。日本的电话号码除了区号，都在8个数字以内。这也是十分接近短期记忆的数字。如果要打市外电话，比如"53-9046-7281"这10个数字，记起来就比较困难。不过，要是在数字中间加上"－"，就会有助于短期记忆。如果没有"－"，会变成"5390467281"，就完全超出了短期记忆的范围。所以，在数字中间加上"－"增加节奏感，就把原来连起来的数字分成了"53""9046""7281"这三个组合，从而压缩到了短期记忆的范围之内。分组之后，记忆的容量就会增大。像这样的分组记忆，有个专用名词叫"大量化"。这是我们平常不经意间所践行的一种高效记忆法。

电话号码是我们打电话前通过短期记忆存储在脑子里的，但要是经常给好朋友或恋人打电话的话，我们无须看电话簿就可以直接拨号。

这时候，就成了"长期记忆"。长期记忆一旦形成，忘记它的速度就会十分漫长。几小时、几天、几个月、几年，有时候甚至会"刻在脑海"，一辈子都忘不了。一般来说，毫无意义的数字和文字很容易被忘记。反之，具有冲击性的现场往往让人印象深刻，从而形成长期记忆。

不管如何，和短期记忆相比，长期记忆可以保持相当长的时间。如果用电脑做比喻，那么短期记忆就相当于 RAM（随机存取存储器），长期记忆就相当于保存在硬盘里的东西。我想，要说"记忆"，相较短期记忆，大家最先想到的应该都是长期记忆。

7

想不起来的也是记忆吗

长期记忆被分为多种类型。比如有人问你对过去的事记得最清楚的具体是哪一桩哪一件,你会想到什么呢?是小学时运动会获得一等奖、是向喜欢的人表白遭到了拒绝、是考试顺利通过,还是和朋友吵架?当然,每个人的记忆都不尽相同。总之,"在什么时候做了些什么"这种有关过去经历过或体验过的回忆,这样的记忆被称为"故事记忆"。

不过,长期记忆不仅是这些,和经历毫无关系的"知识",也属于长期记忆。比如华盛顿是美国第一任总统、海马属于鱼类、企鹅不会飞、那个十字路口向左拐就有一个加油站等等,并非经历或体验,而是更加抽象的"知识"。这样的记忆,被称为"意识记忆"。

故事记忆是 1972 年由加拿大心理学家托尔文分类的,意识记忆是 1966 年由美国心理学家基里安分类的。对两者进行区分非常重要。当我说出"请大家想一想有关过去的回忆,什么都可以"的时候,大家一般都会想起过去的经历(故事记忆),而基本上没人会想起"华盛顿是美国第一任总统"(意识记忆)。所以,故事记忆就是下意识能想起的,而意识记忆则需要特殊的契机。

在这一章的开头,我讲过自己曾在旅游景点遇到一名青年。这就是我的"故事记忆"。我还记得他当时的样子。那一天天空很美,是个好天气,很是热闹。回去的时候,我买了鲷鱼烧,可吃了不到一半就掉到了地上,让人悔恨不已。像这种故事记忆,会常常伴随自己的经历,而且可以自由回想起来。这就是故事记忆的典型特征。

图 13　这是故事记忆,还是意识记忆?

相比之下,意识记忆虽然也是关于故事的记忆存储,但却未必能下意识地想出来。勾起意识记忆,大多数情况下都需要某种"契机"。比如当有人问你"华盛顿是谁",你就会想起来"华盛顿是美国第一任总统"。在一个天气不错的休息日到公园散步,几乎不可能从脑子里蹦出"华盛顿是美国第一任总统"这种奇特想法。即便是回想的时候出现了某种契机,上述想法也和自己的经历没有关系。

也就是说,意识记忆是自我意识并不介入的抽象记忆。实际上,华盛顿是美国第一任总统这一事实,和我们自己的经历毫无关系。像意识记忆那样自我意识不介入的记忆,被称为"潜在记忆"。与之相对,在回想的时候伴随自己的经历下意识想起来的记忆,就是"外显记忆"。故事记忆就是典型的外显记忆。

可是,说到这里,有的读者可能会有疑问。有人想到"华盛顿是美国第一任总统"的时候,是因为有了"小时候,附近的叔叔曾经告诉我"这样的个人经历。这种情况就不是意识记忆,而是故事记忆。由此看来,意识记忆和故事记忆之间的界限确实有些模糊。不过,请大家继续往下想。

比如,我在电视上看到过高中时代的学长、日本职业联赛的前锋中山雅史曾在法国世界杯中给日本队踢进了第一个球的场面。当时,我一边喝啤酒,一边观战。进球的时候,我激动得眼泪几乎都要流出来了。第二天,我依然兴奋得无法冷静。现在,当我回想这是多少年前的事时,就属于对故事记忆的唤醒。不过,如果过若干年,我忘记了观战时喝啤酒的情景,也忘记了自己兴奋的样子,只记得"中山雅史选手在世界杯为日本队踢进了首球",那这就成了意识记忆了。意识记忆被表述为一种"知识",任何知识最开始都是基于某种状况而存储在脑子里面的。当那种状况消失时,只有知识留存下来,变成了意识记忆。

意识记忆属于潜在记忆,因此要是没有"契机"就想不出来。我在旅游景点碰到的那名青年，我想来想去都没想起来他是谁。也就是说，青年相对于我，就属于意识记忆。反之，我总能想起来当时碰到的学生，这就是学生以故事记忆的形式进入了我脑海里。也就是说，故事记忆和意识记忆会随着经历和时间的变化而发生变化。

一般来说，那种想回忆却回忆不起来，或者突然忘记某个东西，在意识记忆中会频繁出现。考试中之所以怎么想也想不起来答案，是因为这种记忆就是意识记忆。学习时进入脑子的知识一般都是意识记忆，所以要回想的话需要一定契机。别人问"华盛顿是谁"，你会回答说"是美国第一任总统"，但要是这个"契机"没有被激发出来，你就可能突然忘记。有时候会夹杂"可能写在课本的那一页"这种故事记忆，然后以此为契机，最终回想起了。

另外，就算是相同的内容，听的时候有不同的领会，也可能出现想不起来的情况。比如把刚才的问题反过来，问大家"美国的第一任总统是谁"，回答不上的人比例增加。这就是典型的例子。总而言之，要想回忆起来，契机尤为重要。这也是意识记忆的显著特征。

我要说的是，如果想提升分数，我想大家已经知道怎么做才好了。这很简单。就是最好去把相关知识以故事记忆，而非意识记忆的方式存入大脑。对此，我们第六章再接着讲。

8

"误解"也算记忆吗

上面我们向大家解释了长期记忆有故事记忆和意识记忆。不过，美国心理学家科恩和·斯奎尔还发现了一类长期记忆。这类长期记忆会在我们日常无意识间被自然而然地记下来，所以虽说是"记忆"，但往往话在嘴边怎么也想不起来。这就是潜在意识。

以我们的穿衣、脱衣为例。我们刚出生还是婴儿的时候，根本不会穿衣脱衣，在后来的成长过程中，不知不觉记住了穿衣、脱衣的方法。时至今日，我们无须刻意记忆便可轻而易举地穿衣、脱衣。运动也一样。刚开始大家都不擅长，但经过若干次失败后，自然而然就变厉害了。

我们经常提到"身体记忆"这个词，这种记忆也是长期记忆的一种。当然，这并不是身体记忆，而是大脑记忆。这样的记忆，也叫"程序记忆"。这些记忆，比如走路、动筷子、用打印机、带球射门等等，都是习以为常的行动中特别重要的行为。如果说故事记忆和意识记忆相当于"What is（是什么）"，那么程序记忆就相当于"How to（怎样做）"。说专业一点，前者属于"陈述记忆"，后者则属于"非陈述记忆"。

最后，还剩一种记忆，那就是"启动效应"。和其他记忆不同，启动效应解释起来稍微有点难。实际上，启动效应于1980年被发现，此前人们甚至不知道它的存在。所以，在解释启动效应之前，我们先做一个简单的实验。首先，请大家阅读下面的段落。该段内容和美国动画片中的主人公大力水手及其喜欢吃的菠菜有关。

大力水手打倒情敌布鲁托，让我们感到大快人心。和布鲁托相比，大力水手的体格很弱，所以能引起我们的同情。他吃完菠菜之后力量大增，面对此前他压根打不过的布鲁托，逆转取胜。这种场面，给人带来安全感。大家都知道，大力水手的力量源泉是营养价值丰富的菠菜。因为这部动画片的影响很大，所以报告显示，看了大力水手后，当时正在成长发育期的孩子们就开始积极地吃起菠菜来。

这虽然是一个奇特的现象，但大家读了这段话之后，脑子里面是不是有了启动效应的影子？在上个段落中，"菠菜"一共出现了三次。不过，大家关注到了"菠菜"这个词没有？当"菠菜"出现第三次的时候，大家就觉得那不是菠菜，而是毫无意义地罗列出来的"菠菜"这个词。当出现"菠菜"时，有的人甚至漫不经心地一扫而过。因为大家对"大力水手和菠菜"的内容已经有所了解，可以轻而易举地解释这些熟悉的词汇。也就是说，当读到"菠菜"这一没有意义的词时，大家就想起了以前出现过的"菠菜"，所以相较当下的意识，此前的记忆更早地识别了相关文字。这种无意识间产生的记忆，就是启动效应。

不仅如此，我们日常生活中还会出现"误解"，这基本上都是启动效应的体现。说到这里，可能有人认为启动效应不是什么好现象。然而，事实并非如此。如果借助启动效应，我们阅读的时候就没有必要对"菠菜"（日文假名读法：ほ・う・れ・ん・そ・う）逐字识别，而是一口气读完"菠菜"（日文整体读法：ほうれんそう）。启动效应在迅速解释自己看到的东西或自己所处的状况时，发挥着重要的作用。

上面的解释稍显复杂，接下来我们简单概括一下。记忆分为"短期记忆"和"长期记忆"。长期记忆可以进一步细分为"故事记忆""意识记忆""程序记忆""启动效应"。我们可以大体归类如下：

1. 短期记忆：30秒到几分钟之内就会消失的记忆，一般能记住7个对象，容量较小。

2. 长期记忆：

① 故事记忆：个人的回忆。

② 意识记忆：知识。

③ 程序记忆：身体记忆的顺序（How to）。

④ 启动效应：可能出现"误解"，属于下意识反应。

在上述五种记忆中，"短期记忆"和"故事记忆"是基于个人某种意识而被记下来的"外显记忆"，所以能够有意识地回想起来。反正，其余的"意识记忆""程序记忆"和"启动效应"无须自己的意识介入，所以属于"潜在记忆"。

这种分类法是美国心理学家科恩和·斯奎尔的分类方法，现在被称为"斯奎尔记忆分类法"，也是最为常见的记忆分类法。

9

记忆是历史的分层

关于人的记忆,美国心理学家柯林斯和基里安曾经做过有趣的实验。比如,围绕天使鱼这种具有代表性的观赏鱼,提出某些简单的问题。

天使鱼会游泳吗?

答案肯定是"会"。继续提问。

天使鱼会呼吸吗?

答案也是"会"。听到这种低智商的问题,大家觉得就像被耍了一样,感到很生气。

这两个问题,都是将回答者脑中存储的意识记忆引导出来。不过,计算一下从提问到回答的时间后,发现相较于回答"天使鱼会游泳吗",回答"天使鱼会呼吸吗"所需要的时间更长一些。虽然同样是意识记忆,但回答问题所需要的时间却并不相同,这是为什么呢?

要问为什么,我想回答这两个问题的各位应该已经注意到了。当被问到"天使鱼会游泳吗"的时候,大部分人首先会想到"天使鱼是鱼类",然后想到"鱼会游泳"。所以得出"天使鱼会游泳"这一结论。

也就是说，在回答"天使鱼会游泳吗"这个问题之前，人的脑子会在瞬间经历这典型的三个阶段。

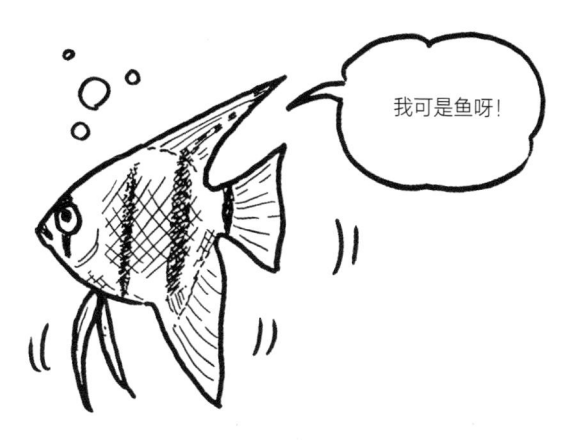

图 14　问题：天使鱼会游泳吗？

那么，当问到"天使鱼会呼吸吗"时，回答者又会做何反应呢？大部分人都会想到"天使鱼是鱼类"，接着想到"鱼是活物"，然后想到"活物会呼吸"，最后顺势得出"天使鱼会呼吸"这一答案。也就是说，相较于回答"天使鱼会游泳吗"，回答"天使鱼会呼吸吗"所经历的过程更多。如果这个过程的数量差好几个，那么回答问题时自然会慢一些。

这种情况，就说明了虽然同样是有关天使鱼的记忆，但未必所有记忆都以同样的形式存储在脑海里。虽然都是意识记忆，但存储在脑海里的层次并不相同。就像上述问题一样，记忆存储室分为了"天使鱼""鱼""活物"等若干个层次。然后，不同层次的信息互相结合形成信息网，便形成了天使鱼这个完整的"概念"。这些层次的不同记忆最终分为多少个阶段，回想的时候就会花去相应的时间。

将记忆分成"层次"的思考方式非常重要。这种思考方式不仅限于意识记忆，也适用于其他种类的记忆。我们此前提到的五种记忆，也可以划分层次。这就是加拿大心理学家托尔文提倡的"记忆体系"思考法。相关层次，如图15所示。

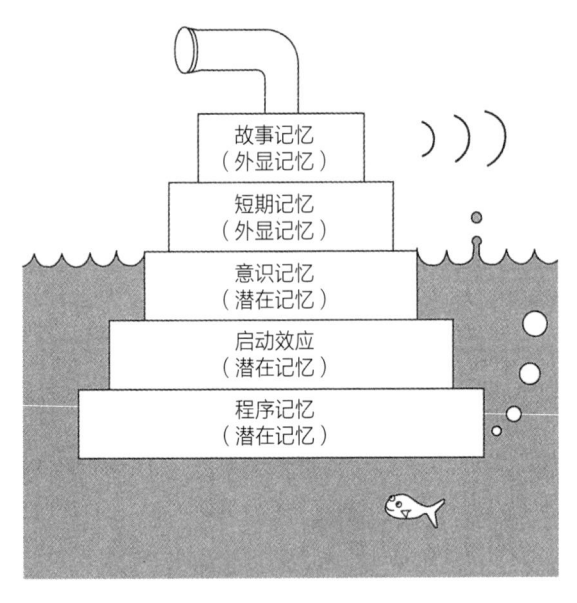

图15　记忆的分层图

该图最下面的是"程序记忆"，其上是"启动效应"，接着是"意识记忆""短期记忆"，最上面是"故事记忆"。层次越往下，代表记忆越原始，也就是维持生命最重要的记忆，而越往上，记忆内容越高级。

这个分层图将生物进化的过程展现得淋漓尽致。进化论认为，越是低等动物，其下层记忆越发达；反之，越是高等动物，其上层记忆就越发达。松泽哲郎2000年在《自然》杂志发表过相关研究文章。该研究表明，黑猩猩的短期记忆能力和人类十分接近。毋庸置疑，和其他动物相比，人类存储最上层的故事记忆的能力当然很高。

此外，这个分层图也适用于人的成长过程。一个人从小长到大，最早开始发育的是程序记忆，接下来是启动效应、意识记忆、短期记忆，发育最晚的是故事记忆。从出生到3～4岁，这个阶段的记忆几乎没有。这种现象，大家结合自身体验可能就会发现。这种现象叫"幼儿期健忘"，是因为故事记忆发展得比较迟缓。实际上，人长到10岁左右意识记忆会变得发达起来，过了10岁之后故事记忆就会占据上风。

反之，随着年龄的增长，有的人就会出现记忆力衰退现象，从而导致健忘。一般是从上层往下层消失记忆。首先，当故事记忆开始衰退时，就会出现"忘记带回"等日常性的健忘行为，严重的时候甚至会忘记"今早吃过饭了"。这就属于痴呆的早期表现。症状进一步加剧，如果连意识记忆都丧失了的话，可能会连自己都不认识了。不过，这时还较好地保留着最底层的程序记忆。所以，穿衣、走路、使用筷子等记忆还不会彻底消失。

10

海马会记忆什么

记忆形成这样的层次，意味着不同记忆的内在机制存在差异。那么在这五种记忆中，和"海马"相关的记忆又是哪一个呢？答案还得从关于HM的研究报告中寻找。

我们在前面讲过，通过手术切除了海马的HM，出现了顺行性遗忘症状。当天发生了什么，HM已经全然想不起来了，这至少表明他出现了严重的"故事记忆"障碍问题。不过，后来的研究发现，他并不是完全丧失了记忆。

比如，让HM一边看镜子，一边写出相关文字或画出图形。大家试一试之后应该会明白，在镜子中看到的手的位置左右相反，所以写出文字或画出图形其实相当有难度。然而，经过三天的训练，HM竟然熟练地做了出来，而且速度和普通人几乎没有差别。该研究就相当于是依靠身体（手）来记忆，也就是"程序记忆"。换言之，HM的程序记忆是正常的。当然，因为HM的故事记忆已经丧失，所以有关镜像训练的事情他完全记不起来。但不管如何，他的书写水平确实提上去了。

图 16　对镜像文字的书写属于"程序记忆"

像这样，给 HM 做了各种各样的测试，进行研究，并进行了详细检查，发现 HM 只是在故事记忆和意识记忆方面存在欠缺。也就是说，海马是一个和"故事记忆"及"意识记忆"有着密切关系的脑部区域。我们平时提到的具有普遍意义的"记忆"，其实就是由海马在管理的。记下第一次见面的人的长相，记住回家的路，记住麻将牌的读法，为了考试而狂记相关知识点，这时都是海马在发挥着重要作用。

顺便要补充的是，最近的研究表明，"短期记忆"和"启动效应"主要由大脑皮质掌控，"程序记忆"主要由线条体（位于大脑皮质内里，被称为基底核的部位）和小脑掌控。一般认为，运动能力（程序记忆的一种）尤其和小脑有着密切关系。小脑尤为发达的动物是鸟类，在天空自由飞翔的鸟，其飞翔能力依靠超强的运动神经支撑。这一点，大家应该不难想象。

另外，大家从 HM 的病例中，还可以了解到一个有关海马的重要性质。HM 虽然记不住刚才做了什么，但 11 年前的事他却能正常记起，并能够完全回忆起来。实际上，HM 平时既能看报纸和杂志，又能与人交流。也就是说，以前记住的文字和语言，他都能正常回忆起来。而且过去 11 年之内的事也不是全部忘记，有一部分经历和知识他依然记在脑海里。这些，都说明了一个重要事实。那就是，即使没有海马，机体也能够回忆。海马对"记忆"非常重要，但对"回忆"来说却不是必不可少的东西。

这简直就是在告诉我们，记忆并非存储在海马里面。也就是说，海马产生的记忆，是被存储在了海马以外的地方。其实在做完有关 HM 的研究之后，相关人员还进行了大量的研究，现在大家已经认定海马只是暂时留存记忆，而记忆最终会被存储在海马以外的地方。而且，记忆留存在海马的时间不超过一个月。超过这个时间，记忆就会转移到其他地方，然后在那里长期存储下来。那么，记忆最终被存储到了哪里呢？

11

记忆的仓库

有一项有趣的实验,研究过"记忆存储在脑子的哪个地方"这一问题。据说,加拿大神经外科医生潘菲尔德所做的一项研究。潘菲尔德是一名专业治疗癫痫的医生。当时,还没有现在疗效这么好的治疗癫痫的药物,所以治疗只能依靠外科手术。由于癫痫是脑的一部分神经细胞出现异常活动所产生的疾病,所以只有去除异常的神经细胞,癫痫才有可能治好。[1]

潘菲尔德为了弄清楚异常神经细胞的存在区域,对脑进行了电刺激。在他看来,如果癫痫发作区域的神经细胞受到了刺激,患者就会表现出癫痫发作时的状态。该手术不做麻醉,只给患者使用镇痛药来抑制疼痛。换言之,该手术就是在患者意识完全清醒的状态下打开其头盖骨,然后给露出的脑部通上"针(电极)",难度很大。在潘菲尔德的努力下,这种治疗方式被证明有效。此后,有大约1000名患者接受了他的治疗。

需要说明的是,潘菲尔德在给患者进行治疗的过程中,发现了一种奇怪的现象。脑部某部分受刺激后,患者会想起此前看到的风景,

---

[1] 此处为作者书中观点。目前研究表明,癫痫是多种原因导致的脑部神经元高度同步化异常放电的临床综合征。

能够清晰地听见已知歌曲的音节或孩子的声音。实际上，患者眼前只有实验室的场景，耳边压根就没有什么音乐。不仅如此，脑部受到刺激的患者，似乎再一次体验到了自己过去的经历。潘菲尔德把患者当时受到刺激的区域叫作"颞叶"。也就是说，记忆被唤醒的方式完整地存储在了颞叶里。

在医疗技术突飞猛进的今天，对癫痫的治疗已经完全不需要经历那么粗糙的检查了。尽管如此，多年前潘菲尔德的研究笔记如今依然是十分重要的资料。不过，毕竟是以前的实验，所以有人指出他研究的精细性存在若干问题。比如，依靠当时的设备，电刺激的强度难以准确把握，所以并不知道具体多少脑部位受到了刺激。而且在大约1000名患者中，只有大约40人体验过去的记忆被唤醒，概率之低也颇受后来研究者的诟病。虽然问题很多，但对颞叶进行电刺激，就可以强制地唤醒记忆。这一发现确实备受瞩目。此后，通过对猴子的研究，大家也确认了记忆的保管场所位于"颞叶"。

过去的记忆被唤醒

电刺激颞叶……

图17　潘菲尔德的实验

记忆存储在颞叶这一事实十分有趣。大家不妨再看看此前的图10。进入海马的信号来自"颞叶"。接下来，在相关信息信号经过处理、筛选和整理之后，便进入海马中顺时针转一圈，然后再次回到"颞叶"。来自颞叶的信息会在海马中滞留一个月左右，之后回到颞叶。进入海马的信息，是我们看到、听到、感受到的事物的综合信息。这些信息经过海马的合理调节，又会被海马输出。输出的信息，就会以记忆的形式保存下来。

海马会对应该记住的东西进行选择和取舍，之后再送到记忆的仓库。海马可以成为"信息的筛子"，也可以成为记忆的分拣室。我们平时会在不知不觉中，将相关信息分为"要记的东西"和"不要记的东西"。看到的、听到的、摸到的、闻到的……感受到的所有东西，并不是一个不漏地都变成记忆，而是只选择应该记住的东西将其高效地记下来。这种在脑部进行的筛选活动，就由海马来完成。反过来说，如果充分了解了海马的工作性质，我们就可以有意识地控制记忆力。对此，我将在第六章详细讲述。在这里，大家要知道输入的信息会在海马暂留一个月左右，然后需要记忆的信息就会从海马输送到颞叶。

12

决定"命运"的海马

如上所述,海马在掌握记忆方面发挥着极为重要的作用,真可谓是记忆的司令部。正因为如此,在整个脑部,海马受到研究者的关注尤其多,大家从不同层面对其进行了大量研究。在众多的研究成果中,我们列举两个重要发现。那就是"θ波"和"场所神经元"。

θ波是"脑波"的一种。脑波中,α波和β波大家比较熟悉。尤其是脑子在放松时,就会产生α波,而使脑子产生α波的古典音乐和舒适空间有助于身心健康,所以备受欢迎。同样,θ波也是脑波的一种,不过似乎没有α波那么广为人知。θ波主要是从海马中发出的脑波,1秒大约出现5次周波,节奏很有规律。这个周波就叫作"θ节奏"。

虽说如此,但海马并不是一直会发出θ波,而是只有在特定的时候才会发出。θ波最显著的时候,就是遇到新事物,初到新地方,探索新问题的时候。当我们遇到此前没有遇到过的东西时,海马就会产生θ波,然后尽可能地将眼前出现的东西记入海马。θ波就是记忆的一种表现形式。

反之，在厌烦或因循守旧的情况下人就会变得散漫，θ波就不会产生。所以，只有在带着兴趣去发现和思考的时候，才会产生θ波。大量经验告诉我们，相较于无趣的学习，带着兴趣才能更好地记忆。因为，这和海马的活跃强度有着密切关系。所以，如果想要提高记忆力，那就最好带着兴趣去记想记的东西，这样才会产生θ波，让海马更加活跃。

图18　θ节奏是生命的律动？

贝多芬创作的交响曲《命运》的开头的节奏非常有名，而刚开始的三个音就是θ节奏。贝多芬活着的时候θ波之类的东西还不为人所知，但这首曲中θ节奏确实让人感受到涌动着的生命强音。

13

海马相当于地图吗

20世纪70年代，有关海马的研究取得了巨大进步。拉开这一序幕的，是英国脑科学家奥基夫于1971年在脑研究杂志上发表的文章。奥基夫用细细的电极刺激老鼠的海马，然后记录阿蒙角的锥体细胞活动情况。接下来，他把老鼠放到房间里自由活动，然后仔细研究该神经细胞怎么活动。他发现，有些神经细胞只有在老鼠处在特定的地方时才活动，别的神经细胞则是在老鼠处在别的特定地方时才活动。也就是说，锥体细胞会根据老鼠所在场所发生反应，这样的神经细胞就叫作"场所神经元"。

这种神经细胞会记住所在空间的特定位置，老鼠一到那个地方，神经活动就开始了。这个场所有这个场所神经元，其他场所有其他的场所神经元。图19就展示了一个记录场所神经元的实验方法，操作该实验的实验人员即使不去看老鼠的来回活动，只要在监控器上观察场所神经元的反应，就能准确地说出老鼠现在在哪里。这是因为场所神经元会显示整齐有序的活动图像。此外，老鼠自己也会通过海马的场所神经元的活动图像确认自己现在身处何处。

"θ波"和"场所神经元"

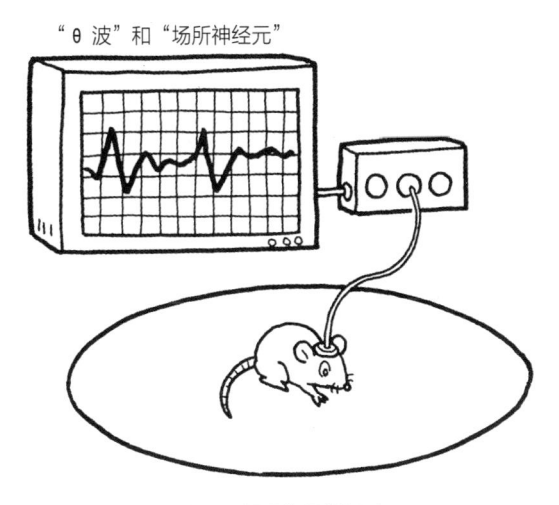

图19　记录海马的活动

场所神经元有着十分重要的意义。这是因为场所神经元的活动会影响"场所"这一信息，而老鼠的身体朝哪个方向并没有关系。这一事实包含了十分重要的意义。也就是说，老鼠现在看到的景色和场所神经元的活动基本无关。总而言之，只要在那个地方，就有对应的场所神经元在活动。简而言之，这反映出"场所"是一个抽象概念。

比如关掉电源，屋里一片黑暗，但只要靠手摸着来到这个地方，那么场所神经元的反应就一样。所以，盲人也有场所神经元。即便是盲人，他们也能判断出房间里的桌子在哪里、床在哪里、门在哪里。海马的场所神经元的作用并不是只有眼睛正常的人才能判断某个地方，而是总体上依靠"感觉"。海马中有场所神经元描绘出来的缜密"地图"，依靠这地图，就能确定现在在哪里。

场所神经元只存在于海马。场所神经元在被发现的时候，人们认为海马对"空间概念"相关的记忆特别重要。比如，老鼠在水迷宫中寻找浅滩，然后试图记住那个地方所形成的记忆。如果是人的话，大家都认为哪个地方有什么、道路顺序是什么、立体图的想象，以及绘画和文字的描写等，都是海马发挥了重要作用。这种想法当然没错。之后的研究表明，海马中不仅存在有关场所，还存在对声音、气味有反应的神经细胞。不用说，现在都知道视觉、听觉、触觉、嗅觉、味觉等各类感受信息都会输入到海马，然后在海马中统一处理。这些信息是积累个人经验的必备材料。什么时候、在哪里、看见了什么、听到了什么等等，把这些材料统一关联起来，就成了"经验记忆"。正因有了这些"经验记忆"，才产生了"故事记忆"。

14

小孩子没有海马吗

在这一章最后,我还要讲一个有趣的事。如前文所述,海马中齿状回的颗粒细胞具有增殖的能力。一般的神经细胞刚产生时数量很多,随着年龄的增长细胞会逐渐减少,所以神经细胞增殖属于齿状回独有的特性。

然而,齿状回还有一个特别的地方,那就是出生的时候脑部的齿状回还没有发育完成。齿状回主要是出生之后才发育完成的。具体是什么原因,至今还不太清楚,可能是呼吸、身体运动、吃东西、排泄等对身体更为重要的功能区在胎儿阶段最先形成。"记忆"功能区对生存来说虽然有用,但并非必要,所以才在后天发育完成吧。

不管怎么说,在海马尚未发育完成的幼儿期,由海马发挥作用的有关记忆就不会那么清晰。一般认为,海马基本发育完成要到3岁左右。这也是幼儿期无法进行故事记忆的原因所在。

老鼠的齿状回是在出生后2～3周发育完成。这一点,和人有相似之处。过了这个周期,幼鼠就会离开母鼠,开始到巢穴周围活动。也许,这时候它们已经形成了空间记忆,可以依靠自己的意志自由活动了。

据加拿大精神神经学家米尔纳 2000 年发表在《自然－神经科学》上的研究文章显示：让母鼠给自己理毛，受到母鼠充分照料的幼鼠，其海马发育得更加成熟，记忆力更好。

此外，法国心理生物学家阿布勒斯 2000 年在美国全国科学院纪要上的研究显示：每天给黑暗的巢穴照明两小时，会给怀孕的母鼠带来精神压力，母鼠之后产下的幼鼠的颗粒细胞的增殖率就会出现问题。而且更加可惜的是，这只幼鼠长大之后，它的海马的活力也会不如其他老鼠，一生的记忆力都会很差。也就是说，母鼠身上的些许压力都会对幼鼠的一生产生影响。这个结果，给我们的人生也带来深刻的启发。

妊娠期或育儿期母亲自身有压力对孩子来说并不是一件好事，这一点众所周知。不过，上述研究成果可以让大家对此有更加真实、确切的了解。

同样，从事颗粒细胞增殖研究的各国学者，也发表了各种有趣的研究报告。比如，只吃软的东西，颗粒细胞的增殖能力就会降低。"如果充分咀嚼比较硬的东西就会给整个脑部产生刺激，从而有益于脑部颗粒细胞增殖"这种一直以来被忽视的问题，现在通过对颗粒细胞的研究，便对其有了具体的了解。此外，相比一个人独自生活，在社会上积极交往会更有利于颗粒细胞的增殖。对这一研究成果，只要观察一下我们的日常生活就很容易理解了。顺便说一句，研究成果显示，相比同性，异性之间的接触也更有利于颗粒细胞的增殖。

要想提高颗粒细胞的增殖率，适度的运动和减肥也有必要。反之，过度饮酒、压力过大以及用麻药等，都会降低颗粒细胞的增殖率。大家可以参照这些研究成果，在生活中注意养脑。

如上文所述，海马中有着脑部其他部位没有的独特性质。海马对脑来说，就是这样一个特殊的部位。海马是为了记忆而专门进化出的重要器官，正是因为被赋予了这种特殊的能力，才能发挥高级的功能。可以说，海马就是记忆的特殊装置。

那么，海马的神经细胞是如何创造记忆的呢？在下一章，我将从微观方面来讲述这个问题。

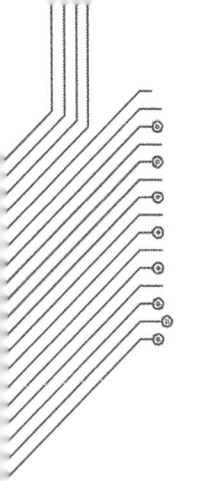

第三章

大脑和计算机哪个更厉害

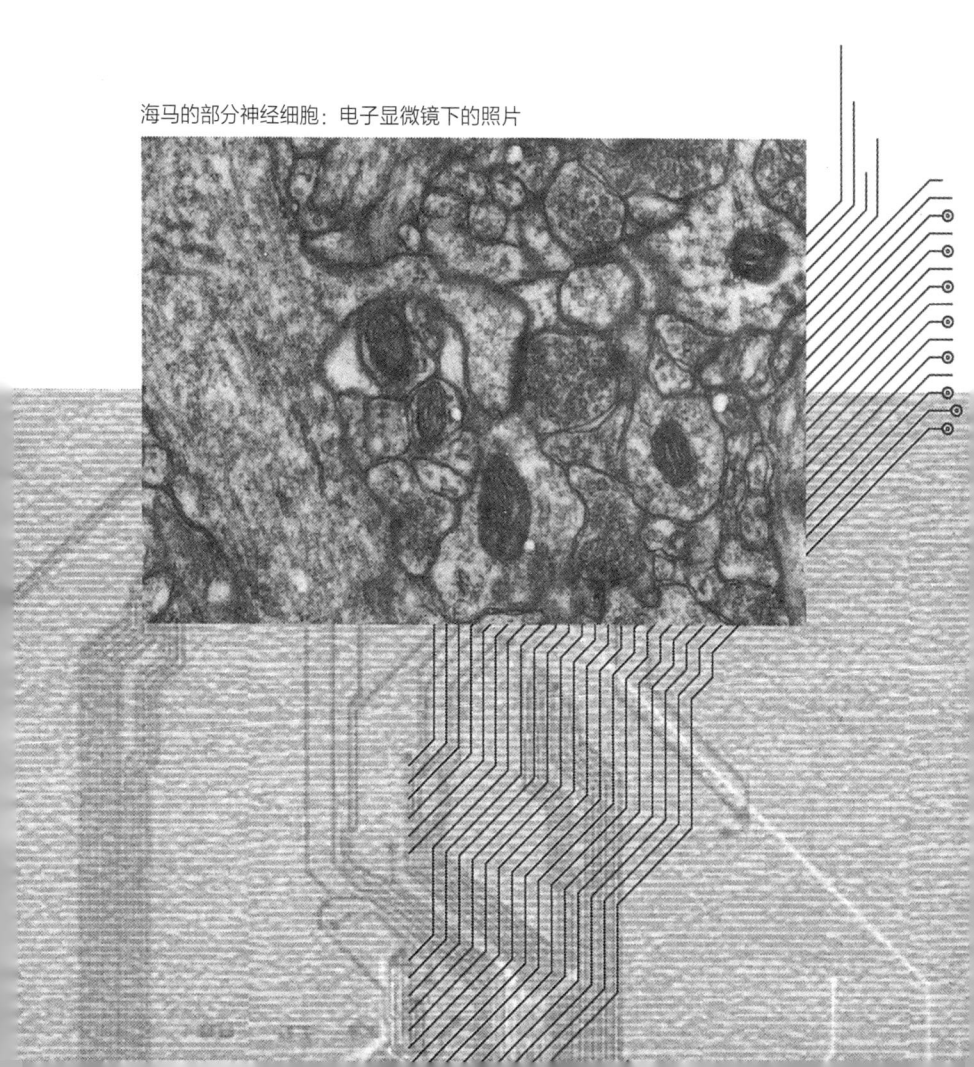

海马的部分神经细胞：电子显微镜下的照片

1

构成网络的神经细胞

首先,为了让大家更好地理解微观"记忆"这个话题,本章将介绍一下神经细胞的性质。如果你对神经细胞的知识有所了解,可以跳过这一章节。

之所以必须详细介绍神经细胞,是因为该细胞具有与身体中其他细胞不同的性质。既然是"细胞",神经细胞当然也具有 DNA、细胞核以及线粒体等细胞的一些基本结构。但是,神经细胞中还有一种被称为"神经突起"的独特结构,该结构像丝线一样从细胞中延伸出来,这是其他细胞所没有的。实际上,正是由于神经突起,神经细胞的性质才变得特殊起来。

图 20 是我们拍摄的神经细胞图。由于只拍摄到了一个神经细胞,仔细观察的话,可以看到含有 DNA(脱氧核糖核酸)和细胞核的"细胞体",以及其朝向照片右上方延伸出的一条线。这条线便是"神经突起"。实际上,这张图中的细胞,是我的实验室中培养出的老鼠的海马神经细胞。毫无疑问,神经细胞通常是在大脑中活动的,但也可以在培养皿或烧瓶中进行人工培养。其实人工培养也比较简单,只要

有经验,大家都可以很简单地进行神经细胞的培养。

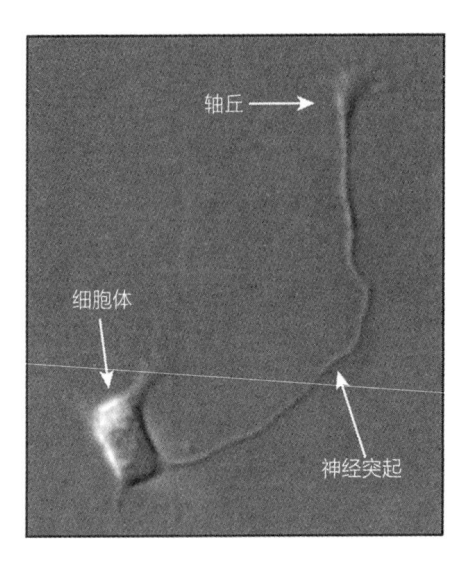

图 20 培养出的老鼠的海马神经细胞图

观察培养出来的神经细胞,会发现所有的神经细胞都有延伸出来的神经突起,无一例外。所有动物的任一类型的神经细胞,都必定有神经突起。也就是说,从神经细胞产生开始,便都具有可以延伸出神经突起这一特质。反过来说,这一特质也可以证明其是神经细胞。

那么,为什么神经细胞会延伸出神经突起呢?其实这是为了找到自己的同伴。正如图 20 中那样,独自存在的神经细胞,拼命地四处寻找自己的同伴。神经细胞的顶端有一个被称为"轴丘"的独特构造。仔细观察这张图,会发现神经细胞的顶端好像张开的手一样。这只"手"起着天线的作用,其作用是感知哪个方向有其他的神经细胞。就像是昆虫的触角那样。通过这只"手",神经细胞可以高效地将神经突起伸向感知到的同伴的方向。

像这样继续培养神经细胞,最终,它们会和同伴相遇,然后通过神经纤维结合在一起。图 21 的左半部分就是通过神经纤维结合的神经细胞的照片。这是我们拍摄的两个神经细胞。神经细胞延伸出来的神经突起并不仅限于一个。一般来说,一个神经细胞会有很多个神经突起。这张图里的神经细胞是在培养皿中培养了大概一周的结果,仅仅几天,神经细胞已经创建出了像这样的"神经回路'网'"。在培养皿中,神经细胞转眼间就延伸出了突起,形成细致精密的神经回路,这种强壮的生命力真让人着迷。

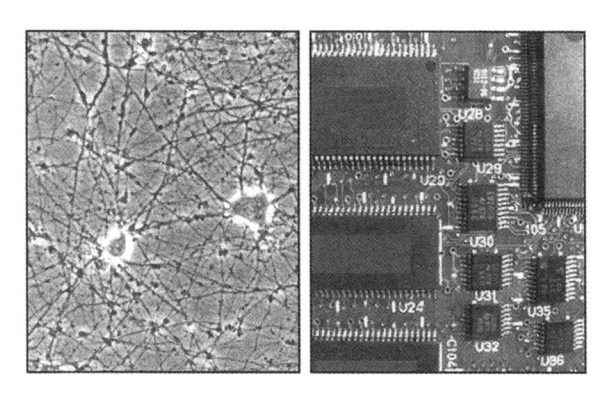

图 21　神经回路与电路

当然,大家的大脑中也发生着与之相同的现象。但是,由于人脑中有多达约 1000 亿个神经细胞,这一现象会比在培养皿中观察到的现象复杂得多。平均来算,通过神经纤维,一个神经细胞大概会与 1

万个同伴紧密相连。请大家想象一下,我们的大脑中约有1000亿个神经细胞,大约有1万个神经回路。真是令人吃惊的数量。通过复杂且精密的神经回路,我们才能拥有感受、想象、记忆等丰富多彩的行为。

2

神经回路和电路

图 21 的右半部分是我们拍摄的计算机集成电路。毫无疑问，计算机是集结人类智慧创造出来的现代文明的"宝珠"。它和人脑一样，能够以迅猛的速度完成复杂的工作，比如处理和存储庞大的信息。当然，这是依靠计算机内置的复杂电路实现的。这一点和大脑使用神经回路有几分相似。

实际上，神经回路和电路有几处共同点。比如，在神经回路和电路中传输的信息都是"电"。读者中也许有人会觉得不可思议。"神经回路中会有电流通？"但是，在我们的日常生活中，有许多个瞬间能感觉到"神经信号原来是电啊"。

比如说，冬天脱毛衣时产生的令人不舒服的静电。之所以"嚓"的一下令人感觉身体发麻，是因为静电在神经纤维中流通，作为"神经信号"被传输进入大脑。在使用家用电器发生触电时，手脚会无意识地移动。这是因为原本应当在神经回路中传输让手脚移动的指令，由于神经回路中流通的电，身体产生了与大脑指令无关的手脚移动现象。从这些事例便能切身体会到，神经回路的神经信号是"电"了。

虽说都是电,但是,神经回路和电路中流通的电的实体是不一样的。电路中传输的是"电子",而神经回路中传输的是"离子"。其主要是通过金属离子"钠离子"的流动来实现电信号的传输。此外,神经回路和电路中电的传导方式也不同。如图 22 所示,在电路中电子沿着电线运动,而在神经细胞中,钠离子从神经细胞中的神经纤维外侧向内侧流动,接着传输到应该去的方向。这似乎是个奇怪的机制,但不仅仅是人脑,其他的动物——昆虫甚至是软体动物的所有神经细胞都有这个机制。这大概是在长时间自然淘汰的过程培养出来的、生物最能适应的产生电流的方法吧。

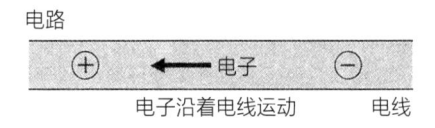

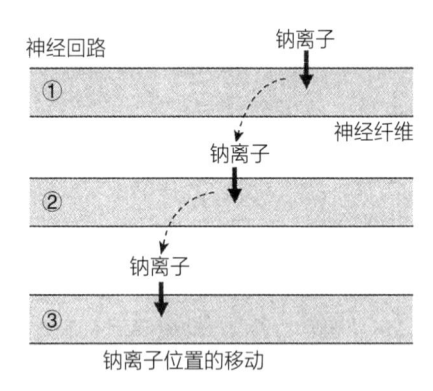

图 22 神经回路和电路流通信号的差异

为什么神经细胞从众多的离子中选择了钠离子作为电流的实体呢？进化早期，所有的动物都生活在海水里，而海水中最多的金属离子是钠离子（盐分）。大概就是因为钠离子是其中含量最丰富的离子，所以神经细胞才选择了这种比较容易利用的离子吧。反过来说，通过钠离子产生的电信号也象征着生命正在"海"中萌芽。被称为"生命之源"的海洋，在这样的地方也留下了"足迹"，这就是生物有趣的一面。

接下来，有一些术语需要大家记住。首先，钠离子由细胞外流入细胞内的过程中产生的电位变化被称为"动作电位（神经冲动）"。它可以使神经细胞发生兴奋。另外，动作电位像图 22 中一样沿着神经纤维传播的过程被称为"传导"。大脑中，动作电位在错综复杂的神经回路中无止境地运转，传递着各种各样的信息，是神经细胞互相交流的方式。英国生理学家谢灵顿和阿德里安先后发现了动作电位，于 1932 年共获诺贝尔生理学或医学奖。而英国生理学家霍奇金和生物物理学家赫胥黎详细阐释了动作电位的实质就是离子流，并在 1963 年获得诺贝尔生理学或医学奖。

继他们伟大的成就之后，关于神经细胞的信号有了更详细的解释。现在我们知道，神经纤维中有无数个可以选择性通过钠离子的洞。这种洞被称为"通道"，是由数量庞大的蛋白质组成的，其总分子量高达 30 万。通道可以自由地打开或关闭。

细胞外液（体液）的成分和海洋中离子的成分十分相似。如果你能够想象出汗液和泪液的咸味的话，大概就可以明白细胞外液和海水一样都含有大量的钠离子（盐分）。因此，当通道打开时，钠离子便顺应浓度梯度进入细胞内。

图 23 展示了钠离子通道开合时的机制。过去的脑科学家们认为通道的打开或闭合，要么是通过通道孔的打开或闭合来实现的，要么是通过孔的直径变大或变小来实现的。然而，近来的研究却表明了通道的开合机制并不是以上两种猜想之一，而是另有让人惊讶的真相。总的来说，在通道内侧壁处，有四根平行排列的柱子，通道的打开或闭合便是通过这些柱子的旋转实现的。

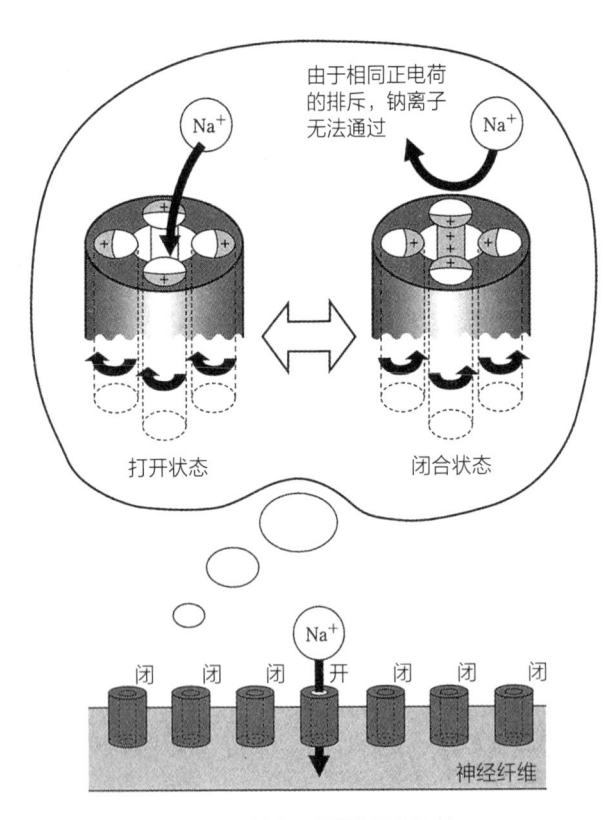

图 23 钠离子通道的开合机制

这四根柱子的正极上都有带电的部分。当通道处于关闭状态时，正极的侧面会露在空的内壁上。接着，这些正电荷会排斥钠离子的正电荷，从而阻止钠离子的进入。相反，当通道打开时，电柱回旋，正极部分隐藏进内侧壁。这样一来，钠离子就不再受到电荷排斥的影响，能够自由流动。利用如此巧妙的机制，通道适时打开 1/1000 秒左右，"动作电位"便顺利形成。从这里，我仿佛窥见了美丽的升华的生命现象的精髓。

1964 年，杜克大学的楢桥敏夫发现，以河鲀的毒性而出名的河鲀毒素是一种可以在通道外侧盖住通道孔，阻止钠离子通过的毒素。也就是说，河鲀毒素导致中毒，是由于毒素抑制了神经细胞的动作电位，从而出现身体麻痹的症状。

在电路中，电子沿着电线运动，但在神经细胞中，钠离子流动的位置（通道打开的位置）像"多米诺骨牌"一样移动，进而实现动作电位的传导。因此，与电路相比，神经回路的结构会更复杂，信号传输的速度也慢得多。电路中电流以每秒 30 万千米的高速传播，速度与光速相同。而神经细胞中信号的传输速度最快也只能达到每秒 100 米左右。虽然这个方面无法与电路相比，但是动作电位的传导速度却能与新干线相媲美。因此，即使是在产生"好烫！""好疼！"这样的感觉，一瞬间把手脚收回的脊髓反射的情况下，传导也能保持足够快的速度。

3

信号的换乘站——"突触"

另外,神经回路有与电路具有决定性差异的地方。整个电路都是由电导体构成的。回路中的任何一个部分在物理上绝缘的话,电路中就无法产生电流。家用电器的开关的打开或关闭,或者所谓接触不良所导致的故障,都与电路的这一性质有关。但是,神经回路的情况却大不一样。如图24所示,神经细胞之间通过神经纤维形成神经回路,所以每个神经纤维并不是物理上的接触。形成神经回路的每一个神经细胞在电路上是完全独立的。

神经回路不是像电线一样的连续体,神经纤维与神经纤维之间是间断的,有微小的间隙。因此,通过神经纤维传递过来的动作电位,必须在交界处转移到下一个神经细胞。就好比从北海道乘电车前往鹿儿岛时,由于没有直达车,必须在中途车站换乘。

神经回路中,这样的换乘站被称为"突触"。突触前膜与突触后膜之间的狭窄间隙被称为"突触间隙"。在突触间隙中,动作电位的转移被称为"传递"。如前文所述,动作电位沿着神经纤维传播的过程被称为"传导",是不同于动作电位在神经细胞间的"传递"的一

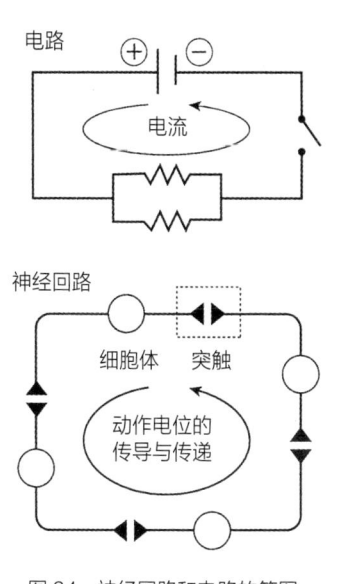

图24 神经回路和电路的简图

种现象。虽然这两个术语相似,但请大家区分开来使用,具体如图25所示。

接下来,我来详细说明一下突触的传递吧。理解这一点,就是理解"记忆"的第一步。

突触间隙的大小大概是20纳米[1]。只有头发直径的1/7万左右,是一个非常狭小的空间。但是突触间隙是完全绝缘的,作为电信号的动作电位无法用现有的形态通过突触。那么,动作电位到底是怎样越过这个间隙,将信号传递给下一个神经细胞的呢?神经细胞创造出巧妙的方式,使用"化学信号"来代替电信号。也就是说,神经细胞利用

---

[1] 1纳米等于1/100万毫米。

作为化学物质的小球，通过传递该物质来完成信号的转移。这种小球被称为"神经递质"。

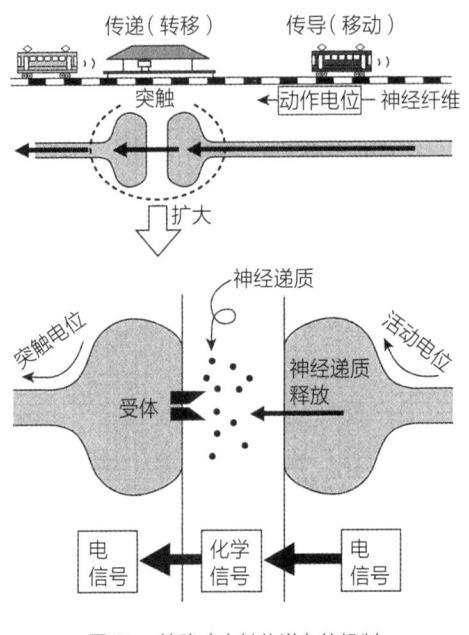

图 25 转移（突触传递）的机制

神经细胞使用的神经递质有许多种类，仅已知的就不下 100 种。其中，大家熟知的有肾上腺素、血清素、多巴胺等一些有名的种类。但是这些神经递质在大脑的本质上都只能起到辅助作用。在神经细胞中，更重要的神经递质是"乙酰胆碱"和"谷氨酸"。

乙酰胆碱是在 1933 年发现的，是神经递质中最早被发现的物质。神经细胞发送使肌肉运动的指令，这一过程中主要使用的就是乙酰胆碱。据说，乙酰胆碱也被认为是在大脑中产生"贝多芬的《命运》"的节奏的 θ 波的基础。

谷氨酸是氨基酸的一种，作为舌头上感受到"鲜味"的成分而被熟知。海带汤中有鲜味也是因为有谷氨酸。在市面上，谷氨酸还会作为化学调味料出售。因此，谷氨酸会被认为是一种鲜味成分。但实际上，它是大脑中含量最多的神经递质。毫不夸张地说，大脑中神经传导几乎都是靠谷氨酸实现的。海马中主要的 3 个突触也是使用谷氨酸作为神经递质的。

4

突触的结构

接下来还有几个问题。首先,神经细胞是怎样将电信号转变成以神经递质为媒介的化学信号的呢?1973年,英国的神经科学家休泽和利斯找到了答案。在神经纤维的最前端有一个存储着大量谷氨酸和乙酰胆碱等神经递质的袋子,一旦电信号到达这里,袋子里的神经递质便会被释放出去。这个袋子被称为"突触小泡"。

图26是电子显微镜下拍摄到的突触小泡释放神经递质的决定性的瞬间。在下图中,可以看到突触小泡的一部分与突触间隙相连接,并且打开了一个小口。一般认为,海马中,一个突触小泡大概含有3000个谷氨酸。在动作电位到达的一瞬间,突触小泡内的谷氨酸一次性全部释放至突触间隙。这就是从电信号转化为化学信号的巧妙机制。

于是,又产生了下一个疑问。这些化学信号是怎样在下一个神经细胞处被转化为电信号的呢?为了在下一个神经细胞处产生动作电位,必须像传递球那样将神经递质转换回电信号。解决这一问题的秘诀在于,要有接"球"用的"手套"——"受体"。

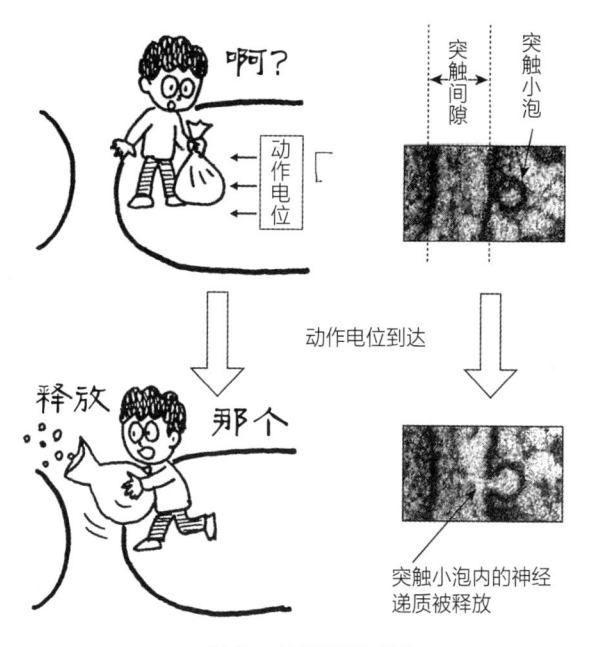

图26 神经递质的释放

受体是由接收到的神经递质的种类来决定的，因此，存在着各式各样对应不同神经递质的受体。乙酰胆碱的受体只能接受乙酰胆碱，谷氨酸的受体只能接受谷氨酸。举例来说（图27展示了乙酰胆碱受体的照片。这是使用最先进的低能电子衍射技术，在计算机上绘制出的乙酰胆碱受体的全貌），该受体非常小，大概只有1纳米（约1/100万毫米）。但是，如果使用最新的纳米技术，就能看清这些细微的样貌。

仔细观察乙酰胆碱的受体，会发现其正中间有一个大洞。乍一看，你会以为这个洞正是接受乙酰胆碱的受体的中心。但其实不是这样,这个洞贯穿到受体的另一侧,是离子通过的通道。也就是说,受体本身就是一个"通道"。再仔细观察的话,会发现是五根细长的"柱子"呈同心圆状聚集,在中间形成一个通道。这一根根"柱子"被称为"亚基"。亚基其实就是蛋白质。总的来说,五根蛋白质柱巧妙结合,从而组成一个受体。

这个受体十分巧妙,平时通道是关闭的,当接收到乙酰胆碱时,通道就会打开,离子通过。也就是通道开合取决于乙酰胆碱的有无。最近的研究发现,5个亚基中,有2个亚基是乙酰胆碱传感器。当这个传感器感知到乙酰胆碱的存在时,通道打开,离子才可以通过。

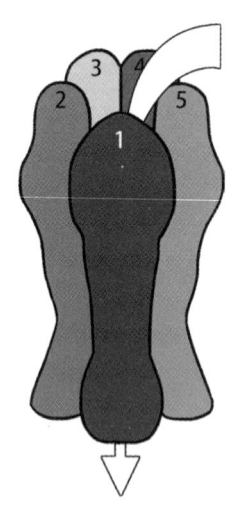

5个亚基呈同心圆状聚集,形成离子通过的通道

图27 通过离子的受体

因此，这个通道主要也是让钠离子从细胞外流向细胞内。这样形成的钠离子流动，也就是正电荷的流动，转化为电信号，从而使下一个神经细胞兴奋。也只有通过如此巧妙的机制，才能让神经细胞正在使用的化学信号转化为电信号。

5

单向通行的突触

内容有点复杂，我在这里稍微总结下吧。在神经回路中来回奔走的信息主要是"动作电位"，是通过"钠离子通道"产生的电信号。但是，动作电位没有办法跨越突触这一空间间隙，因此如第82页图25所展示的那样，动作电位会被转换成神经递质这种化学信号。接着，化学信号再通过含有受体的"受体隧道"转换回电信号。

简而言之，突触就像是一个小工厂，在这里进行电信号到化学信号再到电信号的转变。但是，转变的速度令人吃惊，全程大概只需要1/1000秒。在生物进化的过程中，完美地创造出了这个神奇的机制。反过来说，正是因为有了这个机制，生命才得以进化到现在。在不计其数的生命机制中，突触构造是完美的、巧妙的机制之一。这一点毫无疑问。动物所有的思考和行动，都是神经细胞支配的结果。也就是说，"神经活动"才是生命最重要的根源。因此，神经细胞具备的如此精妙的结构，仔细想想，也是很合理的。

相信已经有人注意到了，突触作为向下一个神经细胞传递信息的中转点，有非常重要的性质。那就是——释放和接受神经递质的两方必须是固定的。简而言之,只有具有突触小泡的神经纤维,才能释放出神经递质;只有具有受体的神经纤维,才能接受神经递质。仔细想想,好像是理所当然的事情,但这一性质是十分重要的。也就是说,突触处的信号只能单向传输。这也是电路和神经回路一个决定性的区别。

在第81页图24所示的电路中,如果电动势的正极和负极互换,电流将会反向传播。但是,神经回路却不是这样。回路中的信号绝对不会反向传播,一定是单向通行的。也就是说,突触发挥着的作用,类似整流二极管引导电流。当我们用第34页图10来说明掌管记忆的海马的神经回路时,所提到的神经回路一定是"顺时针"传输信息的。神经信息绝对不能在回路中反向流动这一现象使得其具有在突触处的信号只能单向通行这一基本性质。也就是说,在神经细胞中,有专用于传送信息的神经突起以及专用于接收信息的神经突起。实际上,我们知道,无论哪一个神经细胞,都能够延伸出这两种功能不同的神经突起。而传递信息的神经突起被称为"轴突",接收信息的神经突起被称为"树突"。树突是神经细胞接收信息的入口,轴突是发送信息的出口。如图28所描绘的那样。轴突呈细长状,长的话能超过1米。树突呈短粗状,最长也只能达到几毫米。在突触中,轴突和下一个神经细胞的树突接近,两者间最近的距离只有约20纳米。

因此,在突触中,轴突被称为"突触前侧",树突被称为"突触后侧"。

图 28 轴突和树突

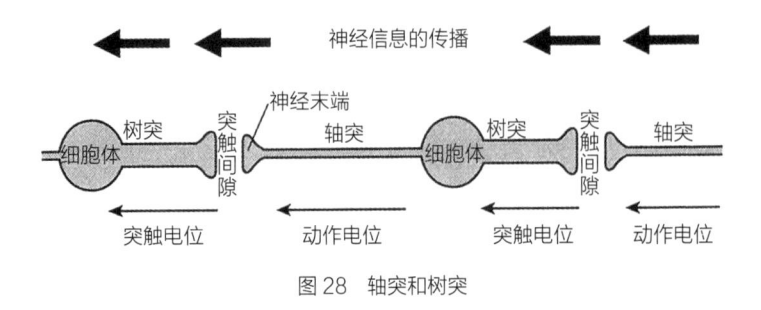

6

突触电位和动作电位

动作电位在轴突处进行传导。这里存在着许多触发动作电位的"钠离子通道"。当动作电位穿过轴突到达突触时,神经递质被释放。因为在突触中存储了很多含有神经递质的突触小泡,所以这个部分会稍微膨胀。这个膨胀的部分被称为"神经末梢"。它是将电信号转化为化学信号的工厂。

树突上有神经递质的受体通道,但是没有触发动作电位的钠离子通道。也就是说,在这里产生的电信号不是动作电位,只是形成受体通道的小的电信号而已。这个电信号被称为"突触电位",与动作电位完全不同。突触电位是通过树突到达细胞体的。接着,在细胞体中首次转换成动作电位(图28)。

树突和在细胞体中发生的电信号转换,乍一看好像很奇怪。为什么神经细胞特意产生突触电位,又将其转换成动作电位呢?难道与直接在树突处触发动作电位,然后一下传送至神经末梢不是一样的吗?为什么要经过两道如此烦琐的手续呢?

这个问题更加接近神经细胞的本质了。当大家产生这个疑问时,便是大家第一次接触到微型"记忆"架构的时候。

7

突触在思考

上个问题的答案,在于轴突传递动作电位的性质。电信号的电流大小可以自由变化,这一点很普遍,但却不适用于动作电位。这是因为只能打开或者关闭动作电位,无法调节其强度。也就是说,传递信息的轴突只能发送"最大限度"或者"完全没"的单一信号。

之所以采取这样的方式,是为了确保信息能够传送到远处。因为电路中有电线这种完美的导体,理论上,再小的电动势也可以将电流高效地传播到远处。但是,神经回路却做不到。由于神经纤维的基本成分是脂肪、蛋白质和碳水化合物。这些成分的电阻过大,并不是很好的导体。一般来讲,即使有电信号进入,也会立刻减弱,在轴突的中途,信号就消失了,所以不可能将信号传得很远。

想要实现这一目的,需要依靠钠离子通道这个装置。当电信号进入时,钠离子通道感知到电流,从而打开通道。这样一来,钠离子开始流动,从而产生新的电信号。接着,新的电信号使得相邻的钠离子通道打开,再产生新的电信号,然后,这个电信号重复上述过程,一个接一个地打开钠离子通道,使得电信号能够安全到达神经末梢,且不会减弱。这便是"动作电位"的真实情况。第 81 页的图 24 简略展示了这个过程。钠离子通道通常被称为"电压敏感型通道"，正是因为该通道像上述这样对应电信号而完成开合。由于这种电压敏感型的性质，动作电位会积极地不断再生，跨越轴突，且不会减少。

但反过来说，正是钠离子通道的这种性质，使得动作电位成为或全或无的单一信号。由于轴突的电信号只有"传送"和"不传送"这两种，因此神经细胞被迫只能在发送和不发送之间做出选择。一旦产生了动作电位，就会自动发送不能停止的信号到轴突末梢，所以，必须谨慎选择是否发送信号。

为了做出这个决断，神经细胞便使用"突触电位"来作为判断基准。因为树突处没有钠离子通道，因此，和动作电位不同，突触电位是可以对电流强度做出微弱调节的电信号。如果把动作电位当作数字信号的话，突触电位便相当于模拟信号。

神经细胞以这个模拟信号为参考，作为判断是否产生动作电位的重要依据。简单来说，如果突触电位大的话，神经细胞就会产生动作电位，并将信号传送到轴突；如果突触电位过小，就不产生动作电位（图 29）。总的来说，神经细胞是根据突触活动的"强弱"，来判断是否产生动作电位的。也就是说，突触的活动对神经细胞的判断具有重要的作用。利用树突中的突触，神经细胞可以"思考"。极端来说的话，突触才是决定神经细胞行动的枢纽。

图 30 是在我的实验室中成功拍摄到的神经细胞——海马的 CA1 区的锥体细胞。从三角形的细胞体中衍生出多条神经突起，看上去就像是有美丽的鹿角的雄鹿头一样。轴突缓慢地伸展，而树突却很粗壮，

十分显眼。细细的分枝看起来像是"树枝"一般。这就是"树突"这一名字的由来。

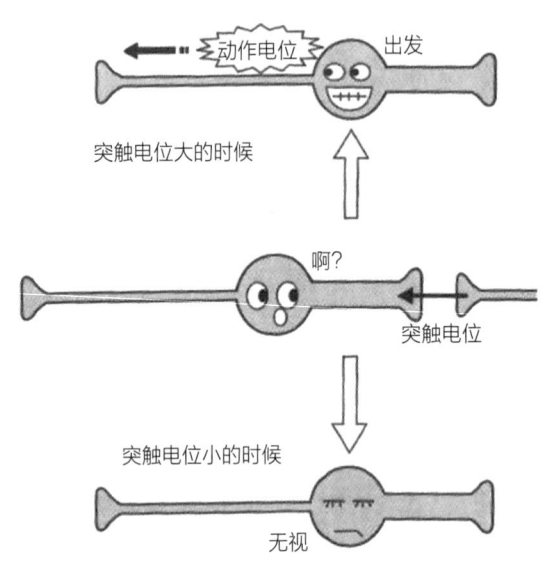

图 29 突触电位是判断基准

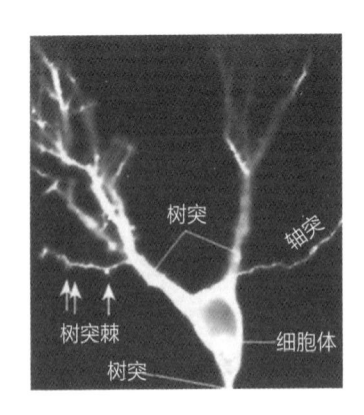

图 30 海马的神经细胞

再仔细观察树突,会发现其分支上有细碎的刺状结构。这种结构被称为"树突棘"。树突在此与其他神经细胞形成突触。换句话说,树突是将神经递质这种化学信号转变为电信号的工厂。在海马的锥体细胞中,树突棘的密度非常高,一个神经细胞中大概有3万个树突棘。就是说,这么多的突触是由一个神经细胞产生的。

据说,一个树突棘能够产生1/1万伏特的突触电位,是非常小的电信号。因此,仅靠一个树突棘的活动,还不足以让神经细胞做出产生动作电位的判断。但是,如果多重叠加的话,产生出巨大的突触电位,便能够使神经细胞产生动作电位。这就是"积少成多"的作战计划。实际上,至少大概需要100个的树突棘全方位展开运动,神经细胞才能够判断出要产生动作电位。也就是说,神经细胞要同时接收1万个以上的信息,才能被激活。虽然会有一种无法动弹的感觉,但这种"慎重"正是神经细胞所必须具备的特征。

实际上,当你看着东西思考的时候,想象也会更丰富。让我们再一次看着第94页的图30,复习一下目前为止学习到的东西吧。

在树突上可以看到许多树突棘。在神经细胞中,输入的信息从树突棘传入,通过树突整合到细胞体中。最后,细胞体发出完成的信号,动作电位就会产生,并从轴突中释放出来。神经细胞汇总数量众多的树突棘的信息,从而做出综合判断。

我们使用神经细胞来进行各种各样的思考,每一个神经细胞也是这样随想随动的。这些思虑众多的神经细胞相互错综复杂地交织在一起,形成了巨大的神经网络,最终创造出了我们丰富的思维和富有创意的行动。正因为神经细胞本身所拥有的强大的信息处理能力,它才得以成为生命活动的根源。我非常希望大家对此都能有印象。这正表明每一个神经细胞在思考。另外,在接下来的第四章中,我将会向大家介绍神经细胞还具有"记忆"的能力。

8

名为突触的精密机械

随着复杂的生命现象在科学的力量下逐渐被阐明，重新思考的话，大家会发现神经细胞的精细组织全部是基于物理化学法则的机械。不管是传递动作电位的钠离子通道，还是与之对应释放神经递质的突触小泡，抑或感知神经递质从而进行开合的受体通道，都有着令人惊叹的巧妙结构。但如果理解了之后再来看，这些不过都是单纯的机械而已。

1953年，沃森和克里克提出了运输遗传信息的DNA具有双螺旋结构。作为生物信息中心的DNA，竟然是单纯的几何学构造。这一物象性的发现，不仅使当时的生物学家受到打击，甚至使人文学家和哲学家都受到了极大的打击。过去被称为神的领域的形而上学的"生命"，其轴心的DNA竟然是如此简单（但是美丽）的物质而已。而且，近年来盛行的克隆动物，很好地证明了只要有了这一物质，完全可以创造出生命。也就是说，生命就是物质，反过来看，这种物质也是生命的元素。

因此，这里介绍的动物生命现象的中心——突触，也只是物理化学的机械而已。思考、微笑、恼怒,这些复杂的人类行动,归根结底都是大脑具备的精巧的机械所产生的。大家现在读这本书的感受因人而异,读这本书的行为以及据此所感受和思考的东西,都是大脑中的"化学反应"。这些微观的化学反应,多彩而复杂地交织在一起,创造出令人吃惊的多样性。

唯物主义主张对于任何精神而言,物质具有根源性。我虽然不是唯物主义的绝对支持者,但如果我研究生命这个不可思议的物质,会发现,生物就是严格遵守物理化学定律的结构。只要发现了一件事,就会改变自身的生命观。这也是研究的乐趣所在。

如果将"记忆"这一现象细分观察会发现,要么是单纯的化学反应,要么是通过巧妙的精密机械来运行的。然而,生命的"运营"全部是由物理理论和化学物质的反应运转起来的,已经不让人惊讶了。将这么大部分想方设法地"组织"起来,创造出分子社会、细胞社会和个人社会才是更重要的论点,不是吗?在20世纪,人们对掌管生命的化学反应进行了详细的阐释。但遗憾的是,现代社会还没有弄清楚单一的化学反应是如何组织起来创造出"社会"的。

维特根斯坦在著作《逻辑哲学论》中写道:"(哲学就是)对不能说的东西我们必须保持沉默。"但幸运的是,与维特根斯坦哲学形成鲜明对照的是"科学",它与"不能说的东西"形成对峙,始终保持"说给你看"的姿态。这绝不是自信过头、骄傲自满,而是对未知的事物自然而然涌现的冲动和憧憬。只有拥有本能的好奇心和探究心——也就是荣格所说的根本性的"性欲",才是推动科学更好发展的原动力。我相信,21世纪的科学定会揭开生命的终极奥秘——"组织化"。而我，也将继续从事研究工作，为这一事业做出贡献。

至此，我们终于做好了进入"微观记忆"这一话题的准备。不过，为了后面讲得更加深入，还有一些事情需要稍做说明。因此，这就涉及了宏观层面。如果只沿着微观层面的路子往下走，就会一叶蔽目不见太山。为了预防这一点，我们不妨从宏观的视角再来审视"记忆"这一脑部功能。

9

大脑和计算机,哪个更厉害

想必这个标题的答案不用讨论,大家都能想到吧。若是制作出凌驾于人类大脑之上的人工智能,那么世界将会变成由机器人反过来支配人类。科幻电影中经常给我们敲响这样的警钟。但是,在现实世界中,还没发生这样可怕的情况。那就意味着,综合来讲,比起电脑,大脑是更优秀的。

再仔细思考一下。近年来,无论是工作还是娱乐,计算机技术广泛应用在各种各样的领域。虽然最近才开始呼吁进行信息技术革命,但即使是在信息化进程中,计算机的存在都是不可或缺的。近来,计算机在社会中开始泛滥。这一现象意味着计算机实用性也很强。比如,多位数的加减乘除和平方根的计算,不必再使用大型的电脑,仅仅使用在便利店可以轻易买到的便宜的计算器,就可以快速高效地算出来答案。如果人工计算 12345 的平方根,可能会使用大量的纸张,并且花费大量的时间。因此,这种程度的计算交给计算机才是比较明智的,并且能降低错误率。

不得不承认,像这样简单的数值计算和单纯的事务处理,电脑能够高效且准确地完成。但是，电脑也有不擅长的方面，那就是高层次的思考、直觉的判断，以及创造性的行为。在这些方面，人的大脑要好得多。即使我不在这里一一解释这些理所当然的事情，我想大家一定都会有这种感觉。但重点是，为什么人脑在这些方面会比电脑优异。明明神经回路和电路都是"回路"，为什么会大不相同呢？

图31 人脑和计算机

如前文所述，电路的信号每秒能传播30万千米，而神经细胞每秒只能传播100米左右。某位著名的神经研究学者说"因此，计算机比人脑优秀数百万倍"。但是，我认为这是诡辩。单纯从这一点来考虑的话，好像确实是这样。但正如前面所说的那样，尽管信号传输会比计算机慢得多，综合来看的话还是大脑更优秀。

"记忆"也是一样的。虽然计算机有容量庞大的记忆介质，但大脑利用不计其数的神经细胞，也能充分、快速完成大量的记忆。即使信号传输的速度慢，大脑也能克服这个不足。不言而喻，大脑与计算机接收和处理信息的方式是完全不同的。

因此，我们必须先了解大脑是如何进行记忆的。当然，如果了解了大脑记忆的性质，自然就能发现高效率的记忆方法。比起死命地学习，掌握要领后再记忆不仅能够降低自身的负担，而且对大脑来说也更有利。既然大家都明白了这一点，在接下来的第四章的前半部分，我想先介绍一下"记忆生理学"的有关内容。

第四章

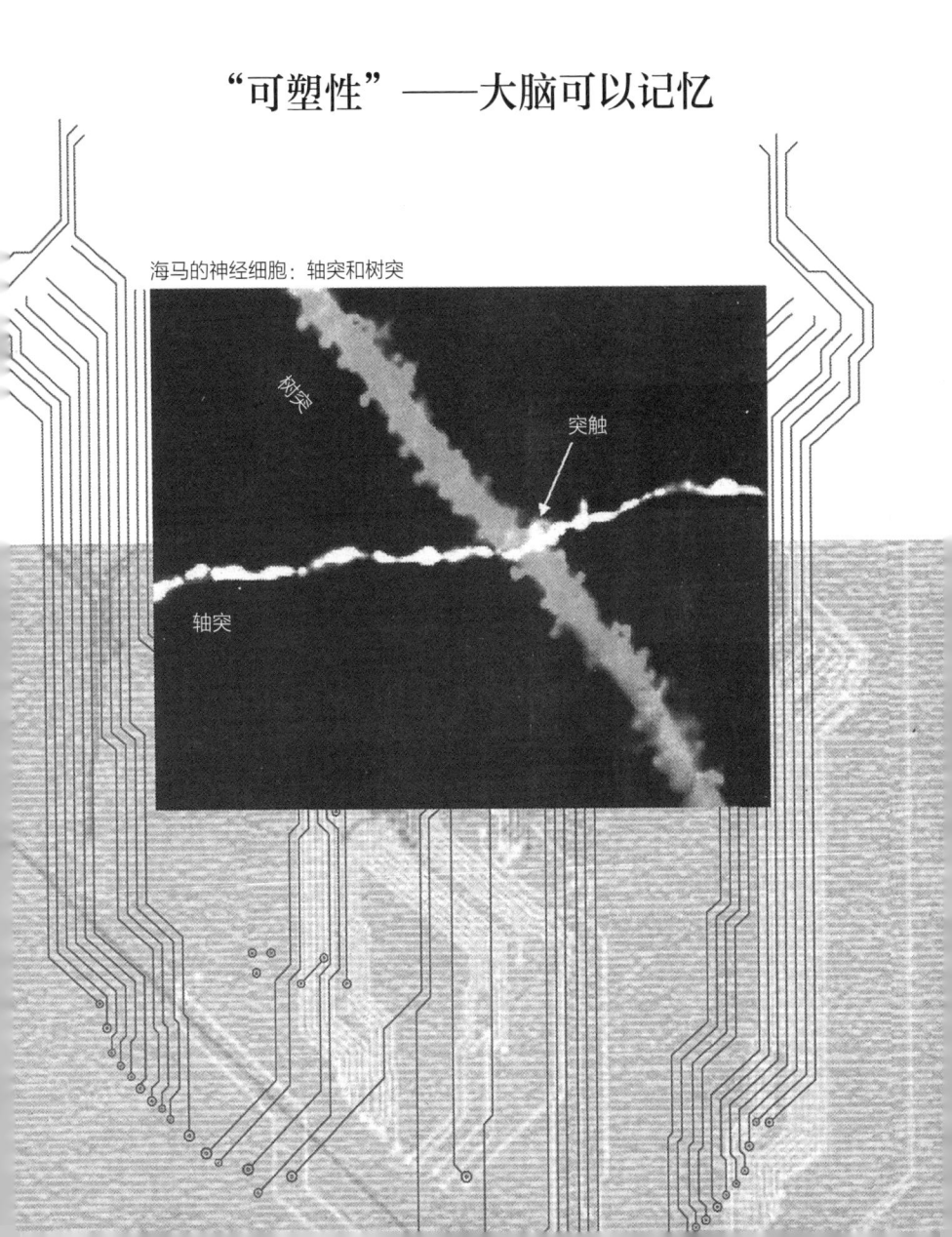

"可塑性"——大脑可以记忆

海马的神经细胞：轴突和树突

树突

突触

轴突

1

"绿灯"行，"红灯"停

我在老家养了一条狗，它除了早上散步的时间外，都待在门口的狗窝里。在我辛辛苦苦地工作的时候，它也是无所事事地度过一天。其中，吃饭似乎是它为数不多的快乐事。一听到厨房有人喊"想吃什么？"，它就高兴得不得了一样，四处打转。等着喂食的时候，还有口水流下来。看到如此健康且可爱的狗，只有我一个人想逗弄它一下吗？我没有立即给它食物，而是对着它说"伸手"。于是，它按照我所说的那样，伸出一只前爪给我。作为赞扬，我便会给它食物吃。从它来我家开始，就有这样的规矩。

在这个过程中，小狗"记住"了很多东西。比如，一听到"想吃什么？"，就有口水流下来，就像意识到这句话是"马上要吃东西了"的信号。因此，它便会对这句话产生反应，流下口水。这就是被称为"巴甫洛夫的狗"的条件反射。另外，它还记住了得到食物需要伸出"手"。众所周知，狗是能学习技能的动物，因此为了得到食物，可以做出类似于这样与食物本身没有任何关系的行动。不管怎么说，作为对食物的回应而伸出"手"这一行为就是条件反射。

图32　狗是会表演的动物

综上所述，不只是狗，我们人类的行为很大程度上也都是由条件反射产生的。在课堂上或者会议上发言的时候要先举手；一看到蟑螂就不自觉地尖叫；看到红灯就不过马路；看到可怕的老师和严肃的上司一定要打招呼。这些都是条件反射。而条件反射是依靠"记忆"进行的。不言而喻，如果没有过去的记忆，自然也不会有条件反射形成。也就是说，利用条件反射来研究"记忆"，是一种有效的方法。

条件反射主要有两种类型。一种是类似巴甫洛夫的狗这样流口水的生理学方面的反射，被称为"经典条件反射"。另一种是像"伸手"这种和食物没有直接关系，却自发做出反应的行为，被称为"操作性条件反射"。很久之前，人们便开始利用这些反应进行记忆实验。1887年，苏联生理学家巴甫洛夫首先发现了"经典条件反射"，然后，在1983年，美国的心理学家斯金纳发现了"操作性条件反射"。并且，巴甫洛夫在1904年获得了诺贝尔奖。

当然，在这两种条件反射里，对我们生活更重要的是操作性条件反射。这一反射是为了应对外界反应而产生的，不可或缺。因此，在本书中，我们将学习操作性条件反射的内容。因为这是理解大脑学习能力的性质、增强记忆力的最佳捷径，请大家一定要理解。

2

失败是成功之母

我们的脑研究者经常使用老鼠作为研究记忆的对象。可能会有读者感到奇怪，明明人类才是记忆力最强的动物，为什么不直接以人为研究对象呢？其实在某些方面，用老鼠做实验才更方便。例如，与人相比，老鼠的记忆更纯粹。老鼠的记忆大部分都是基于本能，不会像人类那样，会被很多类似于"今天好疲惫啊""真麻烦啊""快点结束吧"之类的事情所左右。很少会出现"变化无常"和"偏差"。比如昨天还记得，今天就忘了；这只老鼠记得，而别的老鼠忘了。在研究"记忆"这种抽象且难以琢磨的课题时，减少会妨碍实验过程的无形因素十分重要。由此，我的实验室主要使用老鼠作为实验对象。

图33展示了使用老鼠来研究操作性条件反射的方法，这是被称为"斯金纳箱"的装置。在箱子里，当蜂鸣器响起的时候按下操纵杆，就会有食物出来。虽然这是一个简单的测试，但和第一章中介绍的水迷宫相比，这是一个难度相当高的课题。老鼠不经过很多次训练是没办法学会的。那么，观察被装在箱子里的老鼠是怎样学习的，会发现很有趣的事实。

图33 操作性条件反射

当然，这是老鼠有生以来第一次见到斯金纳箱，不知道眼前的操纵杆究竟有什么作用。说到底，它甚至不知道操纵杆是可以按压的。而且蜂鸣器还会突然发出声响。简直是令它充满困惑的房间。这时，老鼠偶然间按压操纵杆，出现了美味的食物。第一次它可能会觉得只是偶然。然而，这种偶然重复了几次，老鼠就会注意到"按压操纵杆"和"出现食物"之间的因果关系。到这里是学习的第一阶段。

到达这个阶段的时候，老鼠只要想吃食物，就会去不停地按压操纵杆。但是，按压了操纵杆也不一定会有食物出来。这是因为在蜂鸣器没响的时候即使按压操纵杆，也不会有食物出来。在重复了几次，失败之后，老鼠终于注意到了这一点。于是，它发现了蜂鸣器和操纵杆的因果关系，完成了操作性条件反射的学习。这样的实验要反复进行几十次，甚至上百次，老鼠才能够记住这个课题。

在这个过程中，老鼠会经历很多次失败。那儿不对，这儿也不对，在经历过各种各样的失败之后，它才能够发现蜂鸣器和操纵杆的关系。也就是说为了获得成功，就要重复失败很多次。反之，如果没有这么多次失败，也不能有正确的记忆。总的来说，记忆是在"失败"和"重复"中形成并强化的。

这和计算机截然不同。计算机可以一次性就完全记住，而且是完美地记住正确答案。大脑却做不到这样。为了得到正确答案，一定需要反复实验和失败。大概就是在失败的基础上，思考接下来要做什么，然后再失败……所谓大脑记忆，就像"消除法"一样，试试这个不对，再试试那个也不对。

也就是说，记忆是"努力"和"毅力"。读到这里，可能有读者会觉得"结果就是这回事吗？""这很容易"而感到失望，但事实就是这样。这个操作性条件反射课题如若采用分解程序的方法，也能快速进行实验。在我的实验室里，选择老鼠进行操作性条件反射这一课题进行实验时，采取分步使其形成记忆的方法。换句话说，如果直接把老鼠放进斯金纳箱中，按响蜂鸣器，它并不会那么容易发现其中的因果关系。因此，排除蜂鸣器的影响，我先让老鼠完全记住按压操纵杆会有食物出来，接下来再将食物和蜂鸣器关联起来，这样一来，就能大大加快老鼠的学习进度。也就是不让老鼠同时记忆两件事，而是一件一件地分步记忆，学习效率才会变高。

在这一点上大脑也和计算机完全不同。即使是多步骤的程序，计算机也只需要保存一次就能准确无误地完全记住。另外，大脑必须经过反复实验，一步步做下来，才能很好地记住。这样一想，又觉得好像计算机更优秀。正因如此，在考试的时候，我们不能像想象的那样记忆，让人非常痛苦。所以一想到我们的大脑采用消除法这种愚蠢的学习形态，我就十分惋惜。但是，大脑具备这种性质其实有更深层次的原因。理解这个原因十分重要。

3

大脑是含糊的东西

我们来捉弄下进行了操作性条件反射课题实验的老鼠,把蜂鸣器的音高改变一下试试。比如说,训练时给它听的是"Do"的音,那么在某个时刻,突然将其改为稍高一点的"Sol"音。接下来会发生什么呢?事实上,老鼠像什么都没发生一样,听到蜂鸣器发出"Sol"的声音也会做出反应,去按动操纵杆。也就是说,不管发出的是"Do"还是"Sol",老鼠终究都会对蜂鸣器的声音做出反应。

但是,计算机在这一点上有所不同。对计算机来说,Do 和 Sol 的赫兹数相差了 1.5 倍,有很大的不同。因此,操作计算机"听到 Do 的声音请去按动操纵杆"之后,当听到 Sol 的声音时,计算机无法像老鼠那样做出反应。因此,与计算机相比,大脑的记忆可以说是比较粗略和模糊的,没有区分出来 Do 和 Sol。

例如,我教我的狗学会"伸手"这个技能。学会了这个技能的狗,即使我没说"伸手",其他人对它说"伸手",它也会伸出前爪。不论听谁的声音它都可以做到。这样想的话,一般来说记忆并不是严谨的,而是模糊的东西。可能称为"模糊记忆"更合适。实际上这就是大脑记忆的本质。

这种模糊感对生命来说有着极其重要的意义。因为我们生活的环境每时每刻都在变化，比如，初次与某人见面的时候，她穿着一条藏青色的连衣裙，漂亮的头发上扎着圆点印花的丝带。但是，下一次见面就不能保证她穿的还是一样的连衣裙，系着同样的丝带了。她甚至可能会烫头发。如果我们把这些全部进行严谨的记忆的话，就会把这个人错认成别人。这就比较麻烦了。因此，比起严谨，记忆更需要的是模糊和灵活性。

文字也是一样的（图34）。尽管人们的字体不一样，也可以认出来写的是相同的内容。总之，"相似"是重要的东西。正因为记忆的模糊和灵活性，这一点才得以实现。所以，为了记住"相似的东西"，记忆才使用这种消除"不相似的部分"的消除法。

いけがやゆうじ
いけがやゆうじ
いけがやゆうじ
池谷裕二（三种不同字体表示）

图34 "池谷裕二"的识别

在不断变化的环境中，生物为了生存，必须依靠过去的"记忆"，做出各种各样的判断，然后生活下去。但是，在不断变化的环境中，基本不会出现两次相同的状况。因此,记忆具有适度的灵活性非常重要。如果记忆太严谨的话,在持续变化的环境中,不能活用的东西只能变成无用的知识了。现代语言学的奠基人索绪尔说:"意义和语言只是反映了在人际关系和社会结构产生的相对差异的结构。"因此,大脑不能绝对地提取出图像,应当在这个范围内相对地记住文字的句法关系。

但是,大脑也可以进行严谨的记忆。比如遗传因子序列就是绝对的记忆。也可以说是"本能"。温暖时能从冬眠中醒来的青蛙;7年后会蜕变的蝉;被黄莺抚养却也会向南方迁徙的小杜鹃;吃奶时能吮吸母乳的婴儿。说起来的话,这些也都是记忆。由于这种基于本能的记忆缺乏灵活性,在特定的环境中才能发挥作用。大雁和家鸭的雏鸟和小鸭子会跟着第一眼看到的会动的生物走,这就是有名的"劳伦兹印刻"现象。然而这个现象也只有在雏鸟和小鸭子第一次看到是鸟妈妈和鸭妈妈的情况下,才会成为有意义的记忆。如果第一个路过的正巧是蛇的话,将会是一场可怕的悲剧吧。

这样的话,记忆具有灵活性,对生命来说是极其重要的。从进化论的角度来看,越是低等的动物,其拥有严密记忆的比例就越高,而拥有模糊记忆的比例越低。因此,低等动物即使失败了也不学习,最终还丧命的情况有很多。而我们人类的大脑具有高度的灵活性,因此能将经历过的多次失败活用,从而获得成功。这是我们大脑被赋予的"权利"。

这样看来,失败、失误与随机应变的"泛化"[1]这种重要功能互为

---

[1] 当某一反应与某种刺激形成条件联系后,这一反应也会与其他类似的刺激形成某种程度的条件联系,这一过程称为泛化。

表里，在一定程度上可以将其理解为不得已而为之。我们必须改变"无论什么都能正确地记住，并且永远不会忘的才是优秀的大脑"这一认识。像计算机那样无比精确的"大脑"，作为"大脑"来说是没用的。人就是会忘记和犯错。为了弥补这一点，人类才发明出了计算机和文字。

4

探求道路，成为高手

刚刚讲述了在操作性条件反射的学习中，老鼠没有区分 Do 和 Sol。但是，我们也可以让老鼠区分出来这两种音阶。只需要在它听到 Do 的时候给它喂食就可以了。当然，一开始老鼠并不能理解这一点，即使听到 Sol 也会去按动操纵杆。但是在反复失败之后，它就会忽略掉 Sol 的音，只对 Do 做出反应了。这样一来，老鼠就能区分 Do 和 Sol 了。这之后就可以轻松地教会它区分"Do 和 Fa"以及"Do 和 Mi"，它甚至还可能区分出 Do 和高音 Do。但如果是还区分不出来音阶的老鼠，一开始就进行区分 Do 和高音 Do 的训练，不管经过多久，老鼠都没办法区分出这两种音阶的不同。

也就是说，只有在我们能区分出大的差别了之后，才能够区分细小的差别。要想了解细微事物的差别，首先必须把握和理解大的现象。乍一看好像有点走弯路，但是首先掌握 Do 和 Sol 的不同，反而能更快地学会 Do 和高音 Do 的区别。由于大脑采用的是模糊记忆的方法，像这样循序渐进是很重要的。这也适用于我们在日常生活中的记忆，让我们在第六章探讨一下这个话题。那么，现在通过记忆生理学，来总结一下我们得到的结论,如图 35 所示。

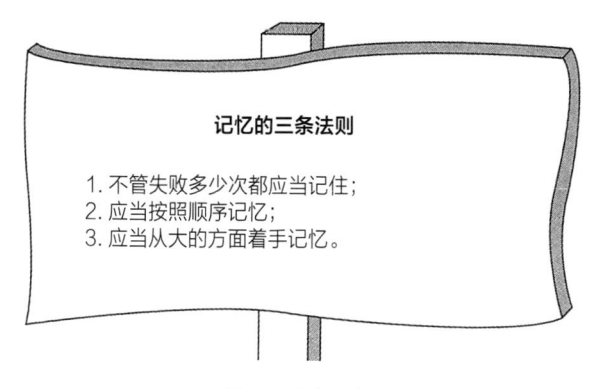

记忆的三条法则

1. 不管失败多少次都应当记住;
2. 应当按照顺序记忆;
3. 应当从大的方面着手记忆。

图 35 如何记忆

5

当大脑进行记忆的时候

到目前为止，本书让大家从多个角度对记忆的性质进行了思考和理解。接下来，我们进一步思考一下，我们在记忆的时候大脑中到底在发生什么。通过这个问题，让我们一起进入微观记忆的话题。

我们都知道，华盛顿是美国的第一任总统。知道这件事的契机可能因人而异，但无论是谁，在没被告知之前自然是不知道的。因为没有人会生来就知道华盛顿。但是，在这个事情中，隐藏着非常重要的线索。

请大家看一下图36，左边的人为不知道华盛顿是美国第一任总统的状态，右边的人为知道之后的状态。刚开始大家应该都是左边的状态，但是现在是右边的状态了。这种变化是以从出生到现在的某个时刻为契机而发生的。契机可能因人而异，但是总的来说都是从左边变成了右边的状态，这一点肯定是不会错的。那么，当我们在这两种状态之间进行转换的时候，大脑里应该出现什么变化呢？从不知道到知道，大脑应当是有什么地方不一样了吧。然而，这个"地方"是能持续保存的。

图 36　知道华盛顿的前后状态

也就是说，大脑由于某种契机发生变化，并且具有持续保持这种变化的性质。这被称为"大脑的可塑性"。可塑性好像是个有点难的词，在词典中解释为"给固体施加外力，使其发生超过弹性极限的变形。在去掉外力之后，物体还能保持那种扭曲的形状"（《广辞苑》第三版）。总的来说，大脑的可塑性就是由于某种契机发生了一些变化，没有这个契机之后，大脑也会保持发生变化之后的状态。实际上，因为我们已经知道华盛顿了，所以不必在每次想起来时都去翻阅教科书特定的那一面。那么，在记忆的时候，大脑的什么地方会发生变化呢？知道了这个地方，是知道大脑结构的第一步。

6

人之所以是人的理由

这个"地方"到底是什么?想必读到这里的大家能立刻想象出来。大脑由缜密的神经回路组成。而大脑就是利用神经回路来处理信息的。也就是说,大脑根据神经回路的连接情况,来决定如何处理信息。神经细胞是如何建立起网络的?这对大脑来说是一个极其重要的问题。

换言之,"没记住的状态"和"记住的状态"的区别在于神经回路的类型不同。也就是说,记忆就是神经细胞的连接方式发生变化。大脑的可塑性应当是由形成新的神经回路产生的。这就是说,"地方"也就是"神经回路",神经回路的变化才是记忆的真面目。

另外,从专业的角度进行严格的定义的话,记忆是指以神经回路的动态为算法,在突触的权重空间中,通过拍摄外界的时间、空间信息,来获得内部表现。

这与计算机的记忆方式大不相同。计算机采用"地址信息"的方式进行记忆。也就是说,计算机提前准备好了记忆存储的场所。而且,该场所由很多"小房间"组成,按顺序设定"房间"的号码(地址)。把要记忆的内容单独存储在"小房间"中,当记忆被唤醒的时候,指定"房间"的编号,就能够找出其内容。这是一种非常高效的方法。每个"房间"完全独立,在收起和唤醒的过程中,一点微妙的错误都不会出现。

另外,记忆是存储在大脑的神经回路中的,而同一个神经细胞可以存储不同的记忆。因为,如若一个神经回路只能存储一个记忆的话,记忆的容量就太有限了。这样的话,就只能记住与神经回路数量相同的信息了。因此,为了确保记忆的容量充足,大脑必须一边重复各种各样的操作,一边重复利用神经细胞(图37)。

这便使得在一条神经回路中同时混杂着许多信息。当然,存储的信息之间还会相互作用,这也是人类记忆模糊的原因。人们经常会出错和闹误会。更何况,记忆会随着时间的推移而改变或消失。大脑不得不重复使用神经回路,这才是造成记忆模糊的元凶。

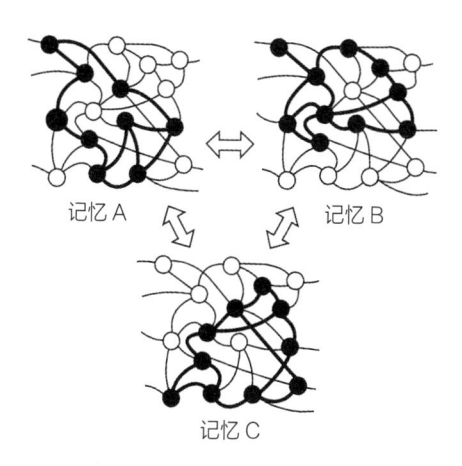

图37 大脑重复使用神经回路

但反过来看，我希望大家一定要注意到，这一性质赋予大脑"人性"。存储信息的相互作用意味着我们可以将完全不同的事物联系起来。这就是我们现在所进行的"联想"这一行为。而且，将信息相互联系起来，也许还能形成新的事物。这就是所谓的"创造"行为。得益于存储在神经回路中的记忆之间可以相互作用，我们才有了想象、思考、创造等行为。当然，这些行为是无比精确的、是计算机所无法做到的。为了让人更像人，大脑模糊、混杂地存储记忆。

7

是线路图还是时刻表

记忆是神经回路的"变化"。换言之,记忆就是创造出新的类型的神经回路的东西。那么,为了形成新的神经回路,大脑准备了怎样的机制呢?在图 38 中,我列举了我能想到的三种形成新的神经回路的方法。

图 38-1　神经细胞的增殖

图 38-2　发芽

图 38-3　突触的可塑性

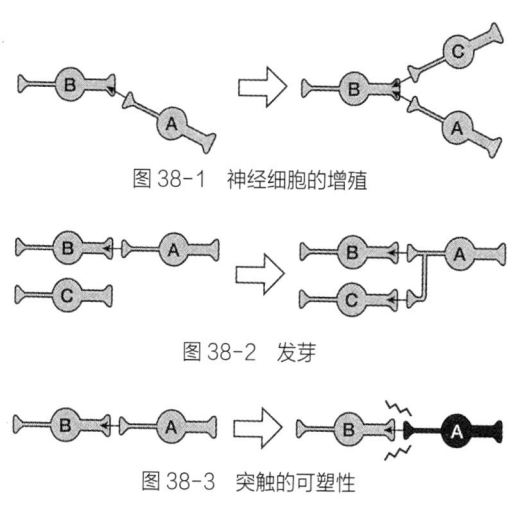

图 38　如何形成新的神经回路

第一种设想是神经细胞通过增殖形成新回路。神经细胞 A 是输出端，B 是输入端。这两者通过突触形成由 A 到 B 的结合。然后增殖出新的神经细胞 C，形成 C 到 B 的新回路。

第二种设想是通过产生新突触的方法。如图 38-2 所示，有 A、B、C 这 3 个神经细胞。最初只有从 A 到 B 的回路，接着 A 也与 C 进行连接，形成从 A 到 C 的新回路。这一现象被称为"发芽"。

第三种设想是提升突触的传递效率。虽然表面上看来神经细胞的数量、突触的数量都没有变化，但是神经细胞和神经细胞之间的信号交换变得容易了。以电路为例来解释的话，就类似电阻变小，电流更容易流动这一现象。虽然这个方法实践起来有点困难，但如果一直以来都因为阻力过大致传导效率较差，一度无法被利用的突触，在我们的努力下，使得其阻力变小，信息从而能够顺利传达的话，从整体来看，也可以认为是形成了新的回路。简而言之，就是突触的功能性联系得到加强。这种方法被称为"突触的可塑性"。

如果把神经回路比作电车线路的话，"增殖"和"发芽"相当于原有的线路上增加了新的线路，设置了新的车站。而"突触的可塑性"就是增加原本不怎么利用的线路上的电车班次，提高换乘站的使用率。也就是说，"增殖"和"发芽"就是改写"线路图"，"突触的可塑性"就是改写"时刻表"。

8

某位哲学家的回忆

我列举出了三种设想，那么，大脑究竟是采用什么机制来形成新回路的呢？首先，第一种机制叫作增殖。但能增殖的细胞就像海马齿状回中的颗粒细胞那样，是大脑中有限的神经细胞。当然，齿状回一定是经过充分的考虑才使用这个方法的，但在大脑的其他部位，神经细胞的增殖几乎不能形成新回路。所以，这不是能普遍使用的方法。

剩下的两种设想是发芽和突触的可塑性。那么，大脑使用其中哪一种机制呢？只要考虑一下我们平时体验的事情就能明白了。比如，在打电话时，我们可以看着电话簿记住电话号码，转动拨号盘。这时，记住电话号码所需要的时间是以秒为单位。另外，最近的研究表明，突触的萌发需要很长的时间，从十几分钟到几天不等。也就是说，从时间的观点来看，发芽不是合格的记忆机制。但是，由于大脑的神经细胞中，已经被证实存在发芽这个现象，也许这一现象与保持更长时间的稳定记忆有关，而不适用于快速记忆。同样的情况也适用于增殖。很明显，长期记忆才与发芽和增殖等缓慢的现象有关。

最后只剩下突触的可塑性这一设想。由于只是改变突触的抗力

(改写时刻表),这样看来的话,是有可能在一瞬间实现的。实际上,如今的脑科学家,包括我在内,都认为突触的可塑性是记忆和学习的主要的基础机制。

在这里,我想介绍一本文献——三个世纪前的哲学家笛卡儿在《情念论》这本著作提到的有关记忆的部分。那是活动电位和突触,甚至连神经细胞都没有被发现的时代。

笛卡儿在那本书中这样写道:

"当心灵想要回忆某件事的时候……精气会冲向大脑的各个地方,直到碰到想要回忆的对象留下的痕迹。这个痕迹无非是曾经出现了问题的对象,使精气从那里流出的脑气孔。于是,当精气再次到达的时候,这个痕迹以相同的方式再次打开。这比打开其他气孔容易得多。"

这是一段难读懂的笛卡儿风格的文字。在神经细胞的本质不明的时代背景下,可能会使得这段文字难以解读。但是,随着神经细胞的详细情况逐渐被阐明,将"精气"替换为"动作电位",将"气孔"替换为"突触",这样一来,它成为一段通俗易懂的文字。

当我们想要回忆某件事时,为了搜索大脑里存储的过去的记忆(痕迹),大脑的各个部位会收到动作电位。这里的痕迹是指动作电位在之前通过的突触。在动作电位到达时,这个突触的活动得更加容易了。因此,正是这个突触所存储的记忆,使我们回想起了我们现在想要回想的东西。

总的来说,笛卡儿想要表达的就是某种特定的突触变得更容易活动的现象就是记忆。这不正是突触的可塑性吗?在苏格拉底之后,很多哲学家都讨论过记忆。但像这样提出本质,并具有现代科学通用的思辨的人,据我所知,应当只有笛卡儿一人。

接下来,让我们更进一步思考与记忆有关的突触的可塑性。

9

赫布法则

如果突触可塑性真的与记忆相关的话,那么反而应该从"记忆"的性质来论证突触的可塑性。因此,假设一下突触可塑性是大脑记忆的基础。那么这个机制应当具有什么样的性质呢?

首先,我们来思考一下迄今为止我们所记忆的对象到底是什么。如果重新想象自己现在记住的事,那是一件印象深刻的事,还是有必要记住的事,总之,应该是有特别之处的事。那些无关紧要的事是不会被记住的。像这样,通常只会记得印象深刻的事,或者自己下意识要记住的事,这就是记忆的基本性质。光是不认真地看着,是无法记住的。反过来说,正是由于这个性质,在考试前虽然会很辛苦,但是如果能把看见的全部记住,脑会在几分钟内被记忆充满。大脑的容量就是这样的。

因此,记忆的性质是只能记住大脑想要记住的东西,我们不应当对此感到悲观。正确地选择事情该不该记住,是有效利用有限大脑容量的最低条件。也就是说,只有在收到应该记住的强烈的信号的时候,大脑才会将它记住。当然,我们认为突触的可塑性也具有这样的性质。

只有在达到一定强度的信号出现时，才会产生突出的可塑性。这个性质被称为"协同性"。请大家看一下图39-1的"协同性"示意图。突触设置了"阈值（记忆所需的最小记忆量）"，只选出远超过阈值的强信号（应该记忆的信号）来进行记忆。

这样一来，如果我们不想记住，我们的大脑就无法记住。相反，我们想要记住的东西，大脑也可以记住。比如，我们本来想要记住华盛顿，但不知为何错误地记成了教科书前一页的拿破仑，我们的大脑是不会出现这样的状况的。我们只能确切地记住想要记住的东西。这也是记忆的基本性质之一。

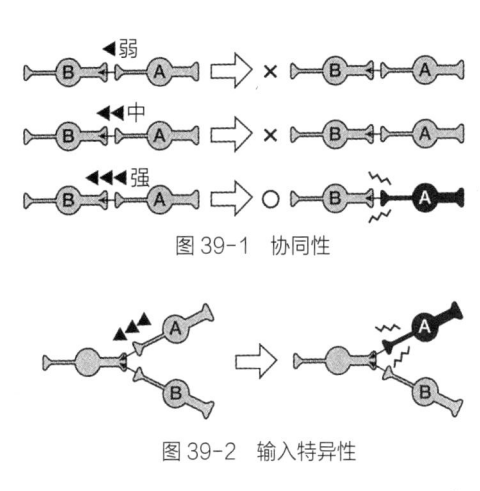

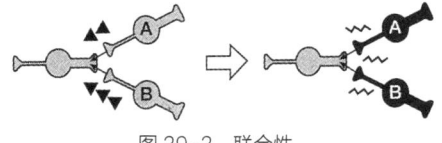

图 39-1 协同性

图 39-2 输入特异性

图 39-3 联合性

图 39 赫布法则

突触的可塑性如图39-2的"输入特异性"示意图所示。通常情况下，一个神经细胞大约有1万个输入，在这里将其简化成A、B两个字母来表示输入。现在从神经细胞A接收到超过引起突触可塑性阈值的强烈信号，但此时神经细胞B完全没有活动。考虑到记忆的性质，在这种情况下，会出现这样的现象：只在A中发生突触可塑性，而B的突触可塑性不受影响。突触可塑性只限定在应该发生可塑性的突触中，不会对与此无关的其他突触产生影响。这一性质被称为"输入特异性"。总的来说，"协同性"和"输入特异性"这两个性质对于记忆来说是必要的。

但是，还有一个记忆的性质是不能忘记的。那就是"联合性"。在我们记忆事物的时候，往往会和其他事物联系起来。比如，如果想记住教科书中的华盛顿，只是记住"华盛顿"这个词，是毫无用处的。记住"美国的第一任总统"才是第一次有意义的记忆。一般来说，各个记忆并不是独立的，而是相互关联的。比如，我在观光地遇到同一栋研究楼的学生时的情景记忆，是如此多不可分割的事件紧密关联而形成的一个记忆。另外，看到梅干就会流口水这种单纯的条件反射，也是联合性的例子。我们就是像这样把一个现象和其他现象关联在一起记忆的。

另外，不要忽视这样一个事实：将事物关联在一起会更容易记忆。只是将华盛顿作为文字的音节，是完全没有意义的，因此，只记住华盛顿这个名字的话很快就会忘记。然而，如果把这个人和美国第一任总统这一伟大成就关联起来，就会成为一个有意思的事情，能帮助大脑进行记忆。另外，"谐音"也是通过联合性来帮助记忆的典型例子。

也就是说，关联起来的话，即使是阈值以下的东西也可以记住。

因此，突触可塑性也是有这样的性质的吧。请看一下图39-3的"联合性"示意图。从A接收到没有达到阈值的弱信号。这样的话，突触当然不会产生可塑性。但是如果突触B发出强烈的信号，A也会产生突触可塑性。所以，B可以帮助A产生突触可塑性。其结果使得事物A和B通过突触连接在一起。如果是铁轨的话，就等同于驶上了不同路线的电车。故该性质被称为"联合性"，该性质被认为是联合学习的基础。

事实上，半个多世纪前，也就是1949年，一位名叫赫布的心理学家已经想到了这些事情。如果突触可塑性与记忆有关的话，则认为其具有"协同性""输入特异性""联合性"这3个性质的思维方式被称为"赫布法则"，对后来的脑研究者产生了很大的影响。

10

是梦境还是现实

话题变得稍微有点复杂了,我在这里总结一下。第四章中,我们先从大的方面讨论了"记忆"的基本性质。接着,明白了记忆存储在神经回路中。这些神经回路互相作用,使记忆变得粗略而模糊。

但是,模糊是生命得以生存的极其重要的一面。为了确保这种模糊性,我们发现大脑的记忆使用的是消除法。并且,进化得越高等的动物,记忆的模糊比例越高。实际上,从我研究的经验来看,虽然老鼠能够记住新的东西,但它们较低的记忆模糊率使它们能够更准确地记住事物。可以说与人相比,老鼠的记忆能力更接近计算机。这样一来,老鼠一旦记住的东西,就很难再改变,导致其很难适应新的环境。就像"江山易改,本性难移"一样。

另一方面,我们也明白,这种模糊记忆才是创造高度思考的源泉。进一步深入研究发现,为了将这些记忆刻在神经回路中,突触可塑性是必要的。而且,考虑到突触可塑性是记忆的元素,因此得出了赫布法则。现在剩下的问题就是满足赫布法则的突触可塑性在大脑中是否真的存在。突触可塑性这个假说只是纸上谈兵吗?

"大脑可以记忆"——所以，它一定是存在的。对此深信不疑的神经科学家们随后开始了探索突触可塑性的旅程。因此，终有将这个信念变成确信的那一天。

第五章

大脑记忆的要素"LTP"

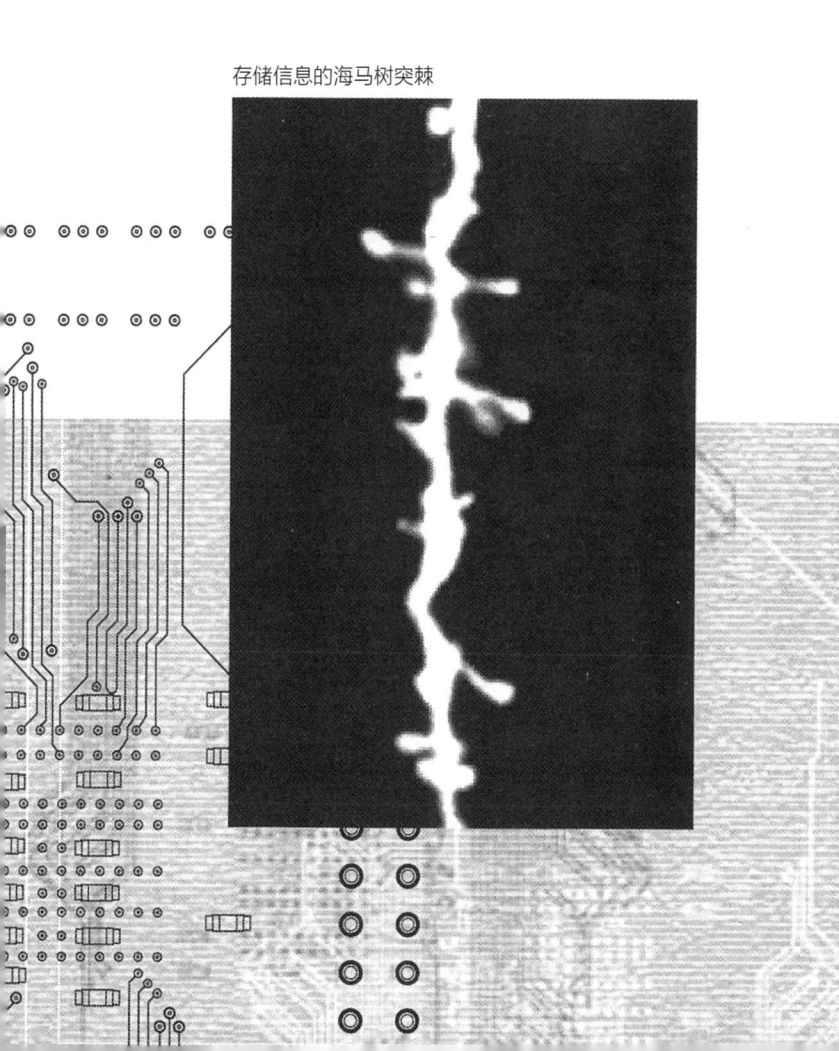

存储信息的海马树突棘

1

LTP 的发现改变了世界

作为继笛卡儿之后最接近记忆核心的理论,赫布法则备受瞩目。自此以后,许多研究人员尝试探索符合赫布法则的突触可塑性。

首先,20 世纪 60 年代,美国的神经生物学家坎德尔提出在软体动物海兔的神经回路中发现了突触的可塑性。这一成就受到了肯定,并在 2000 年获得诺贝尔奖。在 1973 年,也就是赫布法则被提出 20 年之后,神经生理学家布利斯和洛莫于《生理学》杂志上发表了研究结果,该研究对神经科学界产生了更大的影响。根据该报告,他们在哺乳动物兔子的海马中发现了突触的可塑性。他们的报告这样写道:

以较高的频率刺激海马齿状回的突触,会提高突触的传递效率,并且在刺激结束后,这一现象还会持续较长时间。

布利斯和洛莫两人将长时间持续增强突触的结合这一现象命名为"长时程增强(long-term potentiation)"。这一有趣的现象在之后被广泛研究,现如今,取其英文单词的首字母,称为"LTP",这一现象被全世界广泛熟知。接下来,我们来详细介绍一下 LTP 吧。

脑研究者为了记录神经细胞的活动规律，用极细的金属针（电极）插入脑中，使其尖端靠近目标神经细胞，从而记录细胞的活动。这样用电子记录和分析神经细胞的活动的学科就叫作"电生理学"。布利斯和洛莫的重大发现也是利用电生理学的方法完成的。

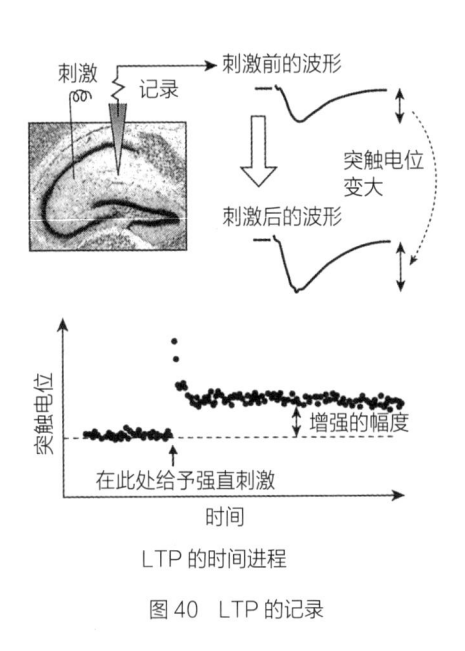

LTP 的时间进程

图 40　LTP 的记录

请大家看一下图 40。右上方的波形图是用示波器实际记录的神经细胞的活动规律。可以看到，记录的是一幅向下凹陷的波形图，形状就像水滴落下时一样。在这里就不做专门的解释了，这幅向下的波形图记录的就是突触电位的变化。并且，波形的波动幅度表示出了突触电位的大小，也就是突触的活动有多强。对于神经细胞来说，突触电位的大小是决定是否产生动作电位的重要判断标准。因此，在示波器记录下的这个向下凹陷的波形图幅度大小，是电生理学家最重视的指标。

除了使用用于记录神经活动的电极外，布利斯和洛莫同时还将另一根电极插入了兔子的大脑，用于刺激神经细胞。他们使用该电极，以每秒数百次的高频率电刺激神经细胞，将神经细胞强力激活。这样之后，突触电位瞬间增大，而且持续几个小时甚至几天。这就是LTP。为了引发LTP所使用的高频率的电刺激被称为"强直刺激"。

当然，突触电位变大只是突触的传递效率上升。如果说突触是车站的话，这就像改变路线的"时刻表"，将车站更好地利用起来一样。第四章中所描述的突触的可塑性正如预测那样存在于大脑里。而且，它是存在于与记忆密切相关的海马中的。

图40的下方是LTP的时间进程图。正如该图所示，如果给予海马强直刺激，突触电位会在一瞬间增强，并且维持在这样的高水平。但当时只给予了一次强直刺激。在此之后，突触电位就一直保持在增强之后的水平。正是因为突触"记住"了输入过强直刺激。

布利斯和洛莫发现突触可以记忆，这给神经科学界带来了极大的影响。在这项世纪级的重大发现之后，世界各地的研究学家开始深入研究LTP。虽然首次观察到LTP是在兔子的齿状回中，但在之后的研究中，不只在齿状回，在CA3区和CA1区等海马的其他突触里也观察到了LTP。然后，不仅是兔子，在包括人在内的所有动物的海马中都观察到了LTP。也就是说，LTP应当是海马中普遍存在的突触的可塑性。实际上，图40是在我的实验室中观察老鼠的CA1区时所记录的LTP。

另外，对强直刺激进行了仔细的讨论后，我发现，如果在大脑发

出 θ 波时给予强直刺激，会产生速率更高的 LTP。正如第二章所述，θ 波是海马在凝视和思考有兴趣的事物时所发出的、所谓"贝多芬的《命运》"的节奏。我想这是个很有趣的事实。感兴趣的事记起来更容易，这是我们从日常生活中得到的经验。而 θ 波作为感兴趣的标记，LTP 也最容易在收到 θ 波的信号时产生。

那么，LTP 对海马的神经回路来说，有什么实质意义吗？最近，为了可以明确回答这一问题，我的实验室里对此进行了实验。其结果如图 41 所示。我们使用了光学这一特殊方法观察神经活动，拍摄到了信号在海马神经回路中顺时针传递的决定性瞬间。全世界几乎没有实验者采用这种手法，可以说这是最先进的技术。

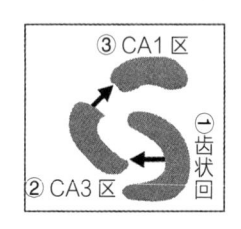

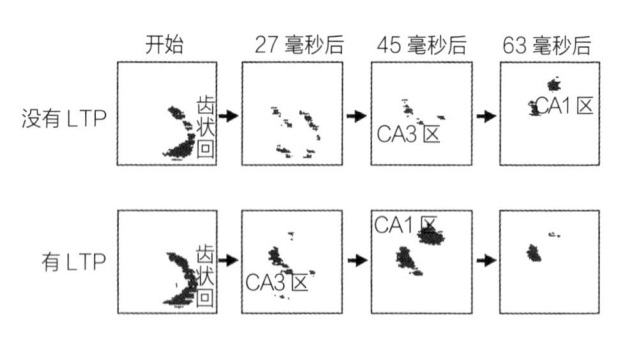

图 41 更强，更快，更远

在该图中，为了更清楚地看到神经传递的样子，我们将神经细胞活动的部分附上阴影进行表示。从上面的数据中得到，在三个突触间进行的神经传递，是如左上的模式图所示，按照齿状回到CA3区再到CA1区的顺序进行的。上面的"没有LTP"是在给予强制刺激之前的海马，也就是记录了没有产生LTP的海马。下面的"有LTP"记录的是给予强直刺激之后，产生LTP的海马。

从结果可以得出两点结论。第一点，通过LTP可以很清晰地观察到神经传导。在"有LTP"的情况下，CA3区和CA1区的面积更大。第二点，产生LTP的话，神经传递的速度会提高。在"没有LTP"时，神经活动传递到CA1区的部分用时63毫秒，但在"有LTP"时只需要45毫秒就传递完成了。传递速度大约提高了30%。

总而言之，LTP就是信息"更强""更快"地传播的现象。以电车为例，从结果中还可以看出，LTP就是指不改变"线路图"（齿状回—CA3区—CA1区的顺序），只改变"时刻表"（信息的数量和到达时间）的典型的突触可塑性。

2

竖起耳朵的 LTP

由于使用了复杂的图表，可能会让人头脑混乱。在这里，让我们再一次整理一下。简单来说，LTP 就是突触进行记忆这一现象。具体来看，就是当受到强烈的刺激时，之前不怎么活跃的突触突然变得活跃起来这一现象。而且，变得活跃的突触在这之后一直维持活跃的状态。如果把突触比作学生的话，就像是在课堂上昏昏欲睡的学生，在被老师训斥之后，突然开始认真上课一样。听课的注意力集中率相当于"突触的传递效率"，老师的训斥就相当于"强烈的刺激（强直刺激）"。因此，这名学生的成绩有所提高。如果用这种形象的表述就很容易理解了。

接下来，让我们来考虑一下 LTP 的机制吧。如果用更微观的视角来看待突触的传递效率上升这一现象——也就是 LTP 的话，会出现什么现象呢？突触是电信号转变为化学信号，然后回到电信号的场所。因此，突触传递效率的上升意味着这一系列步骤可以顺利进行。

这意味着从电信号转变到化学信号或者从化学信号转变到电信号都是在高效进行的。更具体地说就是是否容易释放出神经递质，或者是否容易产生突触电位。神经递质的释放是从突触前膜中产生的，突触电位是从突触后膜中产生的。也就是说，LTP可能位于突触的前膜或后膜。简而言之，脑科学家认为，想让学生认真听课，要么让课堂变得有趣，要么让学生有干劲。

那么，LTP到底是发生在突触前膜还是后膜呢？从LTP被发现至今过去了几十年，神经科学界针对这一问题的争议长期存在。但是，1999年美国的神经生理学家马力诺的研究小组在《科学》杂志上对这个问题做出了完美的回答。在向大家解释这一点之前，作为复习，我再一次详细介绍一下海马的突触。

正如之前所述，海马的神经递质是"谷氨酸"。而且，突触后膜处的树突棘上有谷氨酸的受体。因此，在海马中，谷氨酸和其受体相结合，形成突触电位。但有趣的是，海马的突触具有的谷氨酸受体并不止一种。迄今为止，研究人员已经发现了很多种类，其中最为重要的是AMPA受体和NMDA受体。也许只看着英文字母不太好理解，但由于这两个受体的名字在后文非常关键，请大家一定要记住。图42展示了AMPA受体和NMDA受体的样式图。

这两个受体都具有钠离子通道，因此都可以是能产生突触电位的电信号转换装置。但是，为什么海马有两种受体呢？这一定有其存在的意义。

实际上，突触活动通常只利用AMPA受体。这是因为与AMPA受体相比，NMDA受体的反应更迟钝。也就是说，即使感受器感知到了谷氨酸，NMDA受体的通道也很难打开。因此，为了让NMDA受体打开，我们必须使用更多的谷氨酸进行刺激。只有在突触接收到强信号后，NMDA 受体才会做出反应。简单来说，只有在神经细胞受到强直刺激时，NMDA 受体才会打开。除此之外，海马完全依赖 AMPA 受体。

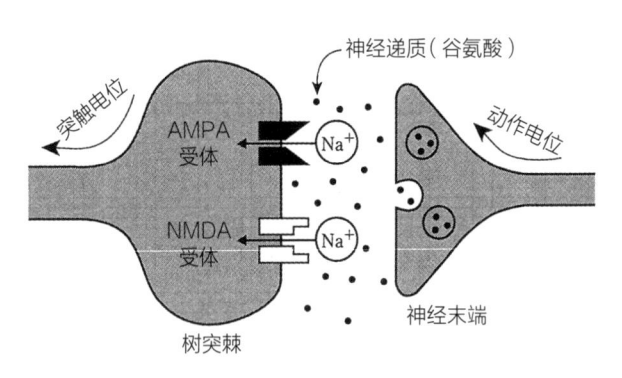

图 42 海马的突触处有两种受体

另外，NMDA 受体还有一个非常重要的特征。那就是这个受体可以通过"钙离子"。也就是说，当给予其强直刺激时，NMDA 受体打开，钙离子就会大量流入神经细胞。一般来说，钙离子对身体里所有的细胞都有非常重要的意义。仅仅是关于钙离子的话题，其中深意足以写好几本书。

当然，神经细胞也不例外，钙离子一进入，神经细胞中就开始了各种各样的活动。1983 年，英国的药理学家科林格里奇在《生理学》杂志上刊载，若是使用无法打开 NMDA 受体的药物，即使给予其强直刺激，也无法产生 LTP。反过来说，LTP 的产生也需要钙离子通过 NMDA 受体的流动。

虽然我们已经理解了钙离子通过 NMDA 受体的重要性，但仅凭此并不能解释 LTP 现象。最近有研究表明，在突触后膜的树突棘内有钙离子的传感器。因此，讨论的焦点应在于传感器为了产生 LTP 都做了什么。为了找到答案，世界各地的研究人员都在努力实践各种假说。最后，马力诺得出了完美且简单的结论。那就是通过钙离子传感器的工作，AMPA 受体的数量得以增加。

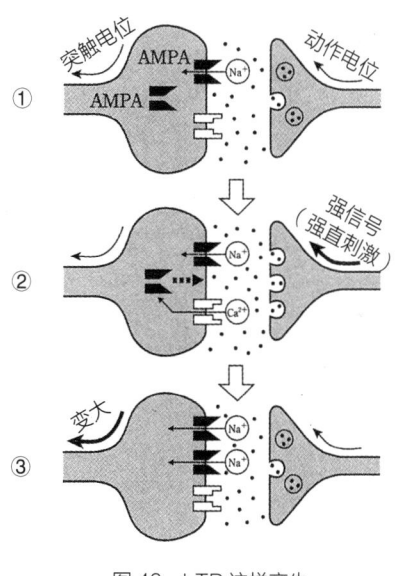

图 43　LTP 这样产生

请看图 43。AMPA 受体不只存在于突触中，还存在于树突棘中。当然，树突棘中的 AMPA 受体无法感知外部的谷氨酸，因此不能参与突触传递。也就是说，它就像库存品，是完全不发挥作用的受体。

但是，当强直刺激激活钙离子传感器时，这些存储起来的 AMPA 受体移动至突触处，开始工作。最后使得 AMPA 受体的数量增加，钠离子的流入量也增加。然后，突触电位变大，传递效率也提高。

由此可见，LTP 是通过突触后膜处的简单机制产生的。用课堂来比喻的话，并不是老师讲的内容有趣了，而是学生打盹的时候，会竖起（增加）耳朵（AMPA 受体），好像在认真听课。

我想在进入这样微观的话题时，大家也会感受到掌握生命的现象的正是精密的机械。如果从宏观来看 LTP 这一现象，承担了大脑众多功能的突触可塑性，甚至可以说是神秘的。不过从分子层面来看，虽然它非常精密，但这最终只是一系列的机械反应。谷氨酸释放出来，NMDA 受体打开，接着钙离子流入，最后 AMPA 受体进入突触。这便是 LTP 的实质，是化学反应。

这是有意思的还是乏味的，大家可以自由判断。然而，关键是，如果这种机制被阐明的话，医疗水平会得到很大的进步。癌症也好，糖尿病也好，高血压也罢，都是一样的。身体中发生的化学反应才是疾病。因此，对这种化学反应的深入了解，可以帮助我们确定疾病的治疗方法和预防办法。在第七章中，我将会介绍把 LTP 相关知识运用到药物开发中的实例。

3

LTP 就是大脑的记忆吗

随着对有关 LTP 的性质和机制的讨论不断深入，毫无疑问，LTP 是神经细胞拥有的重要的突触可塑性。但我猜测，即使已经说到了这儿，大家可能还是从根本上怀疑 LTP 是否真的是记忆和学习的基础机制。

由于是在海马中发现的 LTP，所以人们会觉得其多多少少跟记忆有关系。但是，其存在于海马中这个事实，并不能作为确凿的证据，还必须证明对记忆来说，突触的可塑性是必要的。不过，这并不说明作为突触可塑性之一的 LTP 就是记忆的一种元素。如今，更先进的电生理学的研究结果证明了 LTP 满足赫布法则的三个性质，即"协同性""输入特异性"以及"联合性"。但是，这也只是必要条件，而不是充分条件。也就是说，LTP 这种突触可塑性仅仅满足赫布法则，并不能证明 LTP 就是大脑记忆的基础机制。如此看来，针对 LTP 应当解决的疑问是"LTP 就是记忆吗？"。如果这个疑问得不到解决，再讨论 LTP 就毫无意义了。然而，对于大家的这个疑问，我们已经有了符合期待的答案。LTP 一定与记忆有很密切的关系。下面我将列出几个证据。

首先是英国的心理学家莫里斯在 20 世纪 80 年代发表的研究。他通过水迷宫实验，仔细观察学习中的老鼠，发现了一个重要的现象：既有记性好的老鼠，也有记性不好的老鼠。也许大家会想"这算什么啊"。确实，这好像是理所当然的事情。但是，研究人员绝对不能忽视这些"理所当然"的事情，就像不能忽视苹果落地背后隐藏的真相那样。马克布克斯将这些老鼠按照成绩依次排序，记录下每一只老鼠的 LTP。由此发现了动物的学习能力与海马 LTP 强弱呈正相关。也就是说，记忆力越好的动物，越容易产生 LTP。而记忆不好的动物只能产生较弱的 LTP。这表明，产生 LTP 的难易程度与学习能力之间密切相关。

加拿大的一位心理学家的实验更加有趣。他记录了正在进行学习操作性条件反射的老鼠的齿状回的突触电位。那么，过程中发生了什么呢？他发现随着学习的进行，突触电位逐渐变大，就像是对其进行强制刺激时那样。这意味着当齿状回的神经细胞被用于学习时突触的传递效率会更高。这证明了随着学习的进行，海马中会产生 LTP。

英国实验心理学家莫里斯的研究进一步证明了 LTP 和记忆有关。莫里斯给老鼠注射了一种能阻止 NMDA 受体打开的药物。毫无疑问，这只老鼠无法产生 LTP。接着，研究人员发现，注射该药物的动物无法完成水迷宫实验和操作性条件反射课题。也就是说，如若 LTP 不工作，就无法进行记忆。这一结果如实地表明了 LTP 是记忆事物所必需的东西。

另外，在当今这个生物工程技术得到高度开发的时代中，令人震惊的操作也有实现的可能。通过基因操作，研究人员从基因中删除了产生 LTP 所必需的分子机械信息，成功地培育出了不能产生 LTP 的动物。1992 年，培育出了没有钙离子传感器的动物，接着在 1996 年又培育出了没有 NMDA 受体的动物。虽然这些动物看起来很健康，但它们根本无法产生 LTP。令人遗憾的是，在学习测试中，它们的记忆力也非常差。顺便提一下，培育出这种缺乏钙离子传感器的动物的人是日本引以为豪的诺贝尔奖获得者——利根川进。

列举了这么多的实例，相信大家都能确信 LTP 就是记忆的分子机制。但是，世界上还有一些谨慎的研究者（虽然是少数人）认为即使如此，该研究的证据仍然不够充足。但是，除了 LTP 之外，并没有发现其他突触可塑性可以构成记忆基础的好的例子，这一点也有力地证明了 LTP 与记忆具有相关性。最后，让我来介绍另一个令人震惊的研究。这一研究于 1998 年在《自然》杂志上被报道。该研究并没有选用哺乳动物作为实验对象，而是选择金鱼作为其实验对象。

4

科幻世界也有成为现实的那一天

金鱼的大脑里没有海马,但它还是能进行一些简单的记忆。这是因为它有能代替海马的神经回路。不过,由于神经回路不具有像海马那么高的性能,所以金鱼很难有高度的记忆力。但反过来说,正因为其神经回路很简单,才能成为易操作的研究对象。大阪大学的小田洋一考虑到这一点,将目光放在了金鱼听到声音会往反方向逃走这一习性上。

小田洋一将金鱼放进桶里,多次进行将球掉落在水面的实验。一开始,每当球掉下去的时候,金鱼都会被吓跑。但多次重复该动作后,金鱼好像也有点习惯了,逐渐不再对该刺激做出反应。也就是说,金鱼"记住"了这个球并不危险。当然,金鱼的记忆力并没有那么强,因此球掉落这个动作要持续一个小时左右它才能记住。

金鱼的神经回路很简单,对此我已经有了详细的阐述。并且,我们也非常了解引发其逃避声音这一行为的神经回路,以及记忆不需要逃避的事情的神经回路。因此,小田洋一进行的实验结果就很清晰了。用于记忆那些不需要逃避的东西的神经回路,诱导产生了LTP,这之后,金鱼对球就不再产生反应了。也就是说,金鱼记住了落下来的球是不危险的。

图 44　金鱼使用 LTP 进行记忆

　　这个实验蕴含着深刻的意义。小田洋一利用 LTP，成功地给金鱼植入记忆。这是人为对动物进行记忆植入的第一次实验。过去，有一个为了写小说而来采访我的人问道："改写记忆有实现的可能吗？"我当时认为这么科幻的事情是绝不可能发生的。虽然小田洋一的研究使用的是金鱼，但也确切表示出，人工为某人植入其没有经历过的虚拟记忆是有可能实现的。而且，这项研究使用了现在热议的 LTP，真是令人印象深刻的研究。也许在不久的将来，给人植入记忆这样科幻的事情会成为现实。如果这样的时代来临，也许就不需要再学习学校里无聊的课程了吧。因为只要使用 LTP，就可以将在学校里学到的知识刻进大脑了。通过对 LTP 的研究，驰骋在对未来的思考中，那种有趣的想象力也会随之膨胀。

5

镜中的 LTP

虽然我们已经很清楚，LTP 这种突触可塑性存在于海马中，但含有神经细胞的突触可塑性是否只有 LTP，这一点仍然存疑。LTP 是改变突触传递效率的唯一方法吗？不过，稍微思考一下，这个答案就显而易见了。

LTP 具有饱和性。也就是说，LTP 有上限值，最多只能达到这个程度。存储起来的 AMPA 受体插入突触的现象就是 LTP，因此，如果存储的受体全部耗尽，就不会有更多的 LTP 产生了。也就是说，如果大脑中所有的突触都已经产生了 LTP，大脑就无法记住另外的事情了。大脑有使用极限，这一点令人苦恼，因此，"消除"LTP 这项工作就变得很有必要了。这意味着，AMPA 受体将再次被存储起来，从而降低突触的传递效率。

这种现象被称为"长时程抑制"，取其英文首字母将其称为"LTD"。LTD 是与 LTP 相反的现象，因此这两者的突触可塑性就像是镜像的关系。实际上，在海马的突触里发现了 LTD。更令人震惊的是，强直刺激也能触发 LTD。但是，与触发 LTP 不同的是，触发

LTD 使用的是低频率的强直刺激。也就是说，通过使用不同频率的强直刺激，海马的突触既能产生 LTP，也能产生 LTD。

在海马中观察到的突触可塑性主要是 LTP 和 LTD。但是，与 LTP 相比，LTD 的作用还不是很清晰。目前所考虑到的 LTD 的作用如图 45 所示。第一，正如前面所提到的，LTD 是为了抵消已经生成的 LTP。这是很容易理解的一种想法。

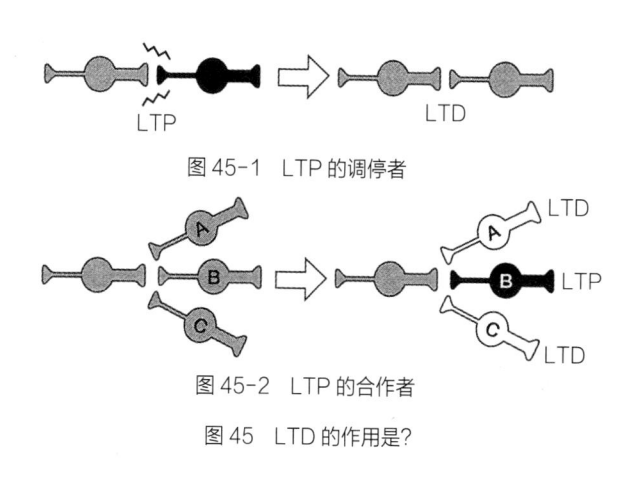

图 45-1 LTP 的调停者

图 45-2 LTP 的合作者

图 45 LTD 的作用是？

但是，LTD 被认为还有另一个更重要的作用。那就是作为合作者，参与 LTP 的再生。例如，如图 45-2 所示，有 A、B、C 3 个突触。突触 B 产生了 LTP。如果剩下的 2 个突触在此时产生 LTD 的话，突触 B 的 LTP 作用就会变得更加突出。由于突触 B 的传递效率上升，突触 A、突触 C 的传递效率下降，从神经回路的整体来看，LTP 的形式就变得清晰了。与 LTP 单独存在时相比，LTD 的存在使得 LTP 的存在更具吸引力。以在学校学习为例，自己的成绩提高了，与此同时，如果周围同学的成绩下降的话，偏差值会进一步增大。根据赫布法则，突触可塑性有"输入特异性"这一性质。LTP 只产生于本就应发生这一作用的突触中。也就是说，LTD 还可以通过相对突出 LTP，从而增强 LTP 的输入特异性。这就是无名英雄吧。

就这样，大脑巧妙地运用 LTP 和 LTD 这两种相反的现象来进行记忆。"记忆"就是建立在 LTP 和 LTD 的绝妙的平衡之上的。

6

情绪创造的回忆

自布利斯和洛莫的发现以后，LTP一直受到广泛的研究。当然，很多研究人员都在努力，期待着LTP的研究可以开拓"记忆"这一充满魅力的未知领域。在各种各样的研究中，到目前为止，我所介绍的有关LTP的研究，大部分都是站在细胞水平和分子水平的微观角度上进行的。但是，有关LTP的研究有一个相反的方向。那就是站在更广的视角上进行研究。

例如，我们知道给动物施加压力时，激素的平衡会被破坏，LTP难以形成。也就是说，压力会影响记忆力。另外，给动物喝酒，LTP也会减弱。这相当于饮酒过多而丧失记忆的"酒精健忘症"的症状。在日常生活中，每个人都会注意到这个事实，但LTP的研究解释了这一现象。

这个研究不是基于探索LTP的分子机制的角度，而是从比LTP这种现象更为宏大的角度入手，意图架起与我们日常生活连接的桥梁。我把这种研究角度称为"宏观"。宏观层面的研究角度是必要的，这种角度有利于将前沿的脑研究转换到日常生活的水平。最后，我想从这些宏观的角度中提出一个有趣的话题。

每个人都有回忆。回忆属于故事记忆,可以说是一种很好的"记忆"。如果现在让大家回忆一下过去,不管是什么回忆都好,恐怕每个人回忆的都是不同的事情吧。不过,虽然大家的回忆各不相同,但其中多少会有一些共通的部分。快乐的事情、悲伤的事情、惊奇的事情等等,总之,回忆与这些喜怒哀乐的情感紧紧联系在一起。反过来说,正因为感情和心情如此紧密,这些回忆才能在脑海里保存至今。

快乐、悲伤、恐惧、惊愕等喜怒哀乐的感情动向被称为"情绪"。随着事情的发展,与情绪有关的情节大家都能记得很清楚。换句话说,情绪会促进记忆的形成。

情绪产生于海马旁边的直径 1 厘米的球形大脑区域,该区域被称为"扁桃体"。实际上,扁桃体的神经细胞活跃时会产生情绪,这一点在人和其他动物身上都得到了证实。例如,扁桃体受到刺激的动物会做出各种各样与情感有关的行为,但扁桃体受到破坏的动物会变得情绪低落和无力。

有趣的是,当扁桃体活动时,海马的 LTP 会增强。同时对扁桃体进行强直刺激的话,会产生很强的 LTP。即使是使用通常来说无法产生 LTP 的微弱强直刺激来刺激扁桃体时,也会形成 LTP。也就是说,哪怕是平时想不起来的小事,一旦与情绪有关,也会被记住。这真的是"回忆"。

赫布法则中有"协同性"这个性质。引起 LTP 的强直刺激的强度也有"阈值"。因此,我们可以认为扁桃体的神经活动降低了引发 LTP 的强直刺激的阈值。就这样,我们从日常体验的诸多事件中,选择与情绪有关的事情，形成"记忆"，然后变成"回忆"。

但是，不用说，其他动物可没有回忆这种东西。实际上，扁桃体促进记忆这种现象对其他动物来说，只与生存有关。它们必须在大脑中记住曾经有过的恐怖经历，在下一次遇到同样的情况时，才能有效地回避危险。能否清楚地记住初次遇到某种危险的遭遇，是与它们的生命密切相关的大事。正是这种机制，情绪才会促进记忆。据此，它们必须牢牢记住自己曾经历过的危险。

换句话说，在进化成人类之前，人类还是低等动物的时候，这种特殊的性质就一直保存在大脑中。在现代城市生活中，能威胁到人类生命的危险并没有那么多了，但这种在进化过程中形成的特殊记忆力仍然留存在人们的大脑中。创造出回忆这种饱含情趣的人类行为，可以说是动物们赌上性命的战争的遗产。

7

梦的延续

正如本章所写，人类记忆事物这种日常的、理所当然的"记忆"机制，终于被逐渐阐明。在这些研究中，全世界的研究人员对 LTP 这种具有吸引力的突触可塑性的关注，可以说发挥了至关重要的作用。实际上，我刚才提到的扁桃体和 LTP 的关系，世界上首次明确这一点是在我的学生时代。如今，世界上有很多研究人员在用宏观角度来研究 LTP。

现在，宏观层面的 LTP 研究已经成为揭示记忆机制的全新研究方法。通过 LTP 这副"眼镜"来观察记忆的性质，就能从实质上说明各种现象。从大脑外侧观察所无法解释的记忆的性质也逐渐明朗起来。在当今脑科学界中，LTP 已然成为揭示大脑记忆功能的不可或缺的强大武器。

当然，现在仍有少数研究人员对 LTP 是否是记忆的基础机制这一问题保持谨慎态度。然而，即使存在这样的异议，也无法改变过去大量的有关 LTP 的研究在揭示记忆机制方面发挥了令人瞩目的作用。脑科学发展得如此之快，说实话，我甚至无法预测该领域将来会如何发展。但我坚信，至少可以一步一步地迈入这个自己从未涉足的领域，我也将继续研究下去。希望在不远的将来，能够弄清"记忆"的本质，满足人们的求知欲，同时，进一步利用得到的成果，实现开发出预防和治疗痴呆的药物的梦想。

第六章

科学地锻炼记忆力

发光的大脑　将水母的荧光蛋白基因嵌入老鼠脑中

上
前　后
下

1

是记不住还是不愿记住

关于提高记忆力的书籍和解说书，如《记忆术》和《背诵法》等，在市场上非常多。早在古希腊时代就已经出现了类似的著作，这说明人类长久以来一直为"记忆"这个难题所困扰。人们希望记住更多的事物，但又会对自己记忆力的局限感到沮丧，有时也会因为无法在关键时刻回想起记住的东西而烦恼。毋庸置疑，每个人都希望提高记忆力。

然而，大脑有其自身的性质。若不遵循这些性质，不管怎么努力，记忆力也不会提高。与充斥市场中依据不足的所谓《记忆术》不同，本章将从科学的角度为大家介绍高效增强记忆力的方法。希望读者能够一边复习从本书中学到的记忆性质、神经细胞性质、突触性质以及LTP性质，一边从理论和实践中思考如何高效地记忆。

进入正题之前，首先需要明确年龄和记忆的关系。有些人经常发牢骚，"最近记忆力下降了……""这几天忘性很大……"等等。人们常说17岁左右是头脑最活跃的时候，之后活跃性逐渐降低。但果真如此吗？仔细研究脑之后会发现，虽然神经细胞的总数确实会随着年龄的增长而减少，但突触的数量却会增加。即神经回路会随着年龄的增长而增多。这就意味着随着年龄增长，记忆的容量会变大。

然而，有人抱怨"年纪大了记性差"。在我看来，这种认知是非常错误的，其实这种人只是缺乏努力，他们忘记了自己曾经为了记住一个事物而付出了多少辛苦。要知道，即使在学生时代，学习占据了生活的大部分时间，但要想掌握一个知识点，也需要花费相当多的时间和精力。所以像这样忘记了辛苦的经历，只是一个劲地抱怨岁月流逝，实在是非常愚蠢的行为。

另外一些人诉苦"健忘严重"，但他们并不是想不起来，而只是一开始就没记住。误以为自己记住了这种错觉也会导致记忆力下降。如果大家之前一直有这样的抱怨，那么请从现在改正。因为消极的自我暗示会干扰正常的记忆力。

2

无用的学习法

当然，年龄增长而记忆力丝毫不变是不可能的。记忆有各种各样的类型，而且每种类型和人的成长密切相关。如图15（第52页）所示，记忆分层次。并且这种层次结构会随着成长慢慢形成。例如，年幼时意识记忆（知识的记忆力）已非常发达，但最高层次的故事记忆需要达到一定的年龄才能完全形成。

在小学，孩子10岁以前，我们会教孩子"九九乘法表"，因为这一时期的意识记忆非常发达。在这个年龄段的孩子，不注重逻辑性，对没有意义的文字、图像或声音，会展现出极强的记忆力。相反，在初中阶段，故事记忆完全形成，逻辑性记忆越来越发达。所以长大后再去背"九九乘法表"会变得非常困难。

一般来说，人们在记忆事物时，会根据记忆对象存在一个适龄期。这被脑科学家称为"临界期"。举个例子，有人拥有"绝对音感"，能够准确地判断出听到的声音的音高。事实上，能够获得（记忆）这项特殊能力的临界期是3到4岁。因此，一个到了完全拥有自我意识的年龄的人，即使接受绝对音感的教育，也"为时已晚"。

更不用说，成年后对音乐或乐器感兴趣，自然不可能获得绝对音感的能力。

众所周知，语言学习能力在6岁左右达到巅峰。不过，与绝对音感不同，语言的临界期并没有那么短暂，即使从初中开始学习英语也能掌握，只是学习的速度会慢很多。就像全家人移居海外时，家庭中年龄最小的人通常最快学会外语。在体育运动中也存在类似的情况。小时候经常活动身体的人，长大后，能在各个运动领域发挥出优越的运动能力（程序记忆）。

总之，人在不同年龄段适用不同的记忆方法。学习上也是如此，在初中之前，人的意识记忆的能力还比较强，所以即使采取"死记硬背"这种策略应对考试也勉强行得通。但是，过了这个年纪后，由于故事记忆逐渐占据上风，过去的死记硬背策略将不再奏效。

但如果不明白这个道理，继续重复用同样的学习方法，便会感到自己的记忆力达到了瓶颈。于是，往往这种人会抱怨"已经不能像年轻时记忆力那么好了"。当然，记忆力并没有真正下降，只不过是记忆层次发生了变化。应该充分了解自己的记忆层次，并采取对应的学习方法。

随着年龄增长，故事记忆逐渐发达，人们的逻辑性记忆能力不断加强，即深入理解事物并记住事物原理的能力加强。对此，需要改变死记硬背的学习方法。错误的学习方法无法提高学习效率。渐渐地，你甚至可能旷课、跟不上课程。

逻辑性记忆方法，不仅有助于学业，在其他领域也能发挥作用。死记硬背只适用于记忆有限的知识，而记忆理论可以应用于所有以此理论为基础的事物。当记忆量相同时,逻辑性记忆更高效。而且,这也是在日常生活中应用范围最广的记忆方法。本章将大篇幅地介绍培养逻辑性记忆的方法。

3

记忆的维生素

通过研究 LTP 的性质，可以知道许多记忆的特征。由于海马在 θ 节律下更容易形成 LTP，所以我们需要将自己置身于能够产生 θ 波的环境中，例如去陌生的场所或见陌生人，这将促使海马生成 θ 波。因为这时海马正本能地将我们眼前所见、当下所感牢牢地记忆下来。事实也正是如此，人们对初次体验的事物总是记忆尤深。

不过，即使没有上述特殊情况，也可以有意识地产生 θ 波。最有效的方法就是对想记住的事物抱有兴趣。这样一来，海马便会自动产生 θ 波。举例来说，当面对相同的事情时，如果采取不同的态度，海马产生 θ 波的数量也会不同。相对于冷淡地回复"噢，这样啊"，积极地回应"嗯嗯，原来如此，然后呢？发生了什么"更能使海马产生大量的 θ 波。由此，我们首先需要对事物产生兴趣。

随着年龄增长，人们对事物的热情会渐渐减弱，无法沉浸在一件事中，内心也很少受到触动。于是，记忆力就显著下降了。实际上，这正是人们产生年龄越大记忆力越差的错觉的最大原因。我们逐渐变成一个麻木的成年人，对生活习以为常，而这样下去是不行的。为此，我们需要时常对环境的刺激保持敏感，只有这样，海马才能持续产生 θ 波，进而增强记忆力。

图 46　受到刺激而膨大的海马

生活在刺激丰富的环境中，不仅有利于产生 LTP，还会使齿状回的颗粒细胞开始活跃地增殖。与记忆有关的神经细胞数量增加了，其结果自然就是增强了记忆力。而记忆力一旦增强，便能对更多的事物萌生出兴趣，大脑自然就向更好的方向发育了。换言之，大脑越用越灵光。

相反，如果我们不用脑，则会导致脑功能下降。比如假期在家什么也不做、只睡觉的人，他们或许本意是让大脑休息，但实际上，这样做只会使记忆力下降。而且，一旦脑功能受损，恢复并非易事。所以，我们应该在日常生活中追求刺激和兴奋。正如莱昂纳多·达·芬奇所说:"就像没有食欲时去吃东西会损害健康一样,没有兴趣的学习会损害记忆力。"对记忆来说,对任何事物都抱有兴趣的好奇心和探究心是必需的维生素。

4

放松的心态是记忆毒药吗

怀着好奇心和探究心看待事物不仅有利于 θ 波的产生和颗粒细胞的增殖,还能对海马以外的区域产生影响。比如,主导"高兴"等情绪的扁桃体。如第五章所述,扁桃体促进海马产生 LTP,它能够帮助人们记住平常记不住的东西。也就是说,如果抱着兴趣接触事物,就能毫不费力地记住它。当我们受到触动时,大脑会自然地将它记忆下来。

这同样适用于在学校的学习。做到享受学习可能有些困难,但不利用记忆的这种性质,未尝不是一种损失。就拿课本上的知识举例,"1582 年,织田信长在本能寺被明智光秀袭击后自杀了"这样一句话,如果不是死记硬背,而是在脑海中想象被明智光秀突袭后的织田信长,心中是何等万念俱灰,接着将他的死看作自己至亲的死一般悲痛,这样大脑自然就会记住这个知识了。虽然刻意对此感伤,可能会显得愚蠢,但更有利于记忆。作家圣西门晚年说过这样一句话:"不要丧失感动之心,没有感动之心的人将一事无成。"利用记忆这种经过数千万年的进化历程中自然选择出的特性,不仅符合生物学原理,也是一种对大脑负担较小的记忆方法。

　　扁桃体还控制着焦虑和恐惧等情绪。比如，当考试临近时，有人能够竭尽全力将平时怎么也记不住的大量知识一股脑地全记下来。就如危急时刻爆发出来的潜力一般。这是由于面对考试时产生的焦虑感和危机感，短暂地增强了记忆力。不过，考试前临时抱佛脚会带来许多问题，比如压力。一旦产生压力，会大大减弱LTP的数量，从而导致记忆力下降。这种考试前的突击学习方法会产生反作用。但是，一个劲地抱怨"要考试了，怎么办啊"，徒增压力却不去学习只会使情况更糟糕。正确的做法应该是在无压力状态下，按照宽松的时间规划表备考。但如果无法保持紧张感且意志力低下，同样不利于记忆。因此，高效学习的诀窍是保持活力和适度的紧张感。

5

增强记忆力可以消除压力吗

如上文所述,压力是记忆力的天敌。事实上,我们的大脑能够记住压力。听到这样的说法,你可能会感到纳闷,但我们的确能够学习压力。只不过大家对于压力,更常用"适应"这个词,而不是"学习"。

比如,当我们第一天进入新班级或者刚入职时,在与自身意志无关的新环境下,我们会感到压力。但是,随着时间的推移,当我们适应了环境,与同伴相处融洽,压力也会逐渐减少。尽管所处环境本身没有变,压力也会减轻。这是由于大脑"记住"了"没必要对现在的环境感到压力"。而这种压力的记忆也是通过海马的LTP来实现的。

加拿大心理学家亨克围绕海马和压力的关系开展了一系列研究。这是一项对老鼠来说很残忍的实验,实验中,亨克给老鼠施加压力,使其患上胃溃疡,由于压力越大,老鼠的胃溃疡越严重,故可以通过测定老鼠的胃溃疡的面积大小,知道老鼠的压力程度。

亨克首先对切除了海马的老鼠施加压力,接着再给未切除海马的老鼠施加压力,最后比较二者的溃疡面积大小。结果发现,与拥有正常海马的老鼠相比，切除海马的老鼠无法顺利学习（适应）压力，会持续感到巨大的压力。实验结果表明，适应压力是大脑利用海马后生成的记忆。

接下来，亨克在给正常老鼠施加压力的同时，使其海马产生LTP。结果胃溃疡面积反而变小了。有些老鼠的胃溃疡甚至完全消失了。也就是说，老鼠是利用海马的LTP学习压力。实验结果表明，增强记忆力有助于消除压力。虽然压力是记忆力的天敌，但记忆力也是压力的天敌。即压力和记忆力"水火不容"。

之前提到想要保持良好的记忆力，最好避免压力，不过在实际生活中，不可能没有压力。所以，尽早适应压力，才能防止宝贵的记忆力受损。而且，由亨克的实验可知，记忆力越好，在直面危机时感受到的压力就越小。所以适应压力不仅可以保护宝贵的记忆力，也有利于心理健康。为了应对将来无法避免的压力，我们在日常生活中要时常锻炼记忆力。这不但能尽量减少压力所造成的损失，还能进一步提高记忆力，形成一个良性循环。希望我们都能拥有一个能够战胜压力的强大大脑。

6

为什么能考上东京大学

突触可塑性具有"联合性"的特点。当事物之间相关联时,即使刺激强度低于阈值,也能引发 LTP。这意味着事物之间有关联的话会更容易被记住。要实现事物的关联,就需要充分理解它们。因为大脑无法牢记不理解的事物,死记硬背的公式和知识点、无意义的文字或数字排列,即使努力记住也会很快忘记。只有理解了事物,大脑才会牢牢记住;不理解的事物,记住了也是白费力气。这体现了大脑的合理性,避免浪费精力在毫无意义的事情上。

假设我们必须在明天之前记住"1836547290"这串数字。这对大脑来说无疑是个难题。这 10 个数字,别说明天了,30 秒的"短期记忆"都难以维持。如图 47 所示,如果发现了这串数字的排列规律,任何人都能记住它。不仅可以记忆到明天,甚至可以记住一个月之久。发现规律,也就是理解事物,便能让记忆发挥出如此惊人的作用。

发现事物背后隐藏的真理,对学习至关重要。因此,我们需要发现规律并擅长发现规律。学习课本上的知识也是如此,不理解就记不住;而且就算记住了,不理解也毫无用处。理解就是独立思考、消化知识。一旦知识被消化，我们就能灵活运用并触类旁通。于是，神经回路中的事件连接越来越多，我们也感到事物变得有趣起来，进一步激发兴趣，从而增强记忆力。

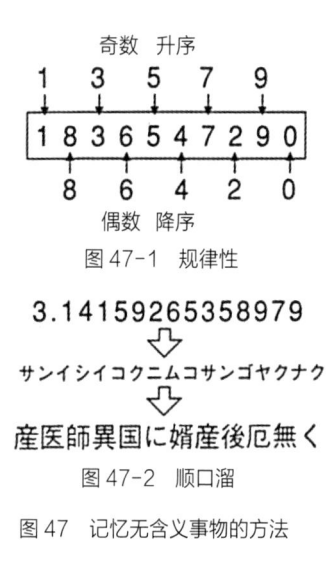

奇数　升序

1　3　5　7　9

1　8　3　6　5　4　7　2　9　0

8　6　4　2　0

偶数　降序

图 47-1　规律性

3.14159265358979
⇩
サンイシイコクニムコサンゴヤクナク
⇩
産医師異国に婿産後厄無く

图 47-2　顺口溜

图 47　记忆无含义事物的方法

身为东京大学的教职员，我每天和东大的学生们接触。虽然他们都是通过了严格的入学考试的优秀人才，但并不是每个学生都拥有天才头脑。即使有，也是凤毛麟角。他们大多数人看起来记忆超群，实际上只是掌握了记忆诀窍，擅长记忆而已。而诀窍就是"抓住规律性"和"理解性记忆"。换言之，记忆力强弱取决于个人的态度和方法。

其中，作为记忆方法之一的谐音就经常被使用。凭借谐音，我记住了圆周率 π 小数点后 14 位数字。但利用谐音也要注意技巧。记忆时，不能只用眼睛看，还要出声读，因为耳朵记忆比眼睛记忆更深刻。

通过比较人类和老鼠或狗的视力，我们可以发现在动物进化过程中，视觉功能的发展相对较晚。在漫长的进化历史中，动物们更常用耳朵，而不是眼睛，这正说明耳朵记忆比眼睛记忆更深刻。在我们日常生活中也有此切身体会，与其直接看歌词来记忆，听着旋律更容易记住。早在古代，人们就知道通过歌曲将时事和祭祀等重要信息传给后代。这充分显示古人十分了解记忆的"联合性"。

记忆谐音时不仅要凭借词语的韵律，还要确切地"想象"词语的意义，从而实现高效记忆。为此，虽需要花费一定的时间，但自己创作的谐音更有效。尽可能具体地想象谐音所表示的情境。越想象，记忆在大脑里留存时间越久。天才爱因斯坦曾说过："想象比知识更重要。"这句话背后体现的正是利用突触可塑性的"联合性"提高记忆的原理。

如上文所述，理解并串联起事物，便能轻松记忆。即使是记忆单一的事物，也尽量与其他事物关联起来一起记忆。这种将事物联系起来，使其内容更丰富的行为被称为"联想"。如果经常联想，那么记忆将变得容易，并且会成为有用的记忆。

与仅仅将各种知识联系在一起相比，将知识和个人"经验"结合起来记忆更重要。当知识与个人经验相关联时，它们形成了故事记忆，相较于抽象的意识记忆，这种记忆具有更大的优势。故事记忆不仅源于意识记忆，而且更加"难以遗忘"，并且可以随时"回想起来"，这一点尤其重要。有些人在考试期间可能因为没有采取故事记忆方法而感到困扰，无法回想起所需知识点。

如何构建故事记忆，最简单的方法就是向家人或朋友讲解学到的知识（意识记忆）。于是，记忆就会变成"那时我教过的""我好像画了这样的图来解释"等故事记忆。通过这种方式，我们可以更容易地回忆起这些知识。另外，向他人讲解的好处可不止这一点。正如诗人阿诺德所说："已经信服的人，方能使人信服。"自己不理解的事物是无法向他人解说的。通过向他人讲解，也能够检验自己是否真正理解了。

　　需要注意的是，意识记忆会逐渐取代故事记忆。放任不管的话，宝贵的故事记忆将随着其中的个人体验的减弱，而最终变成意识记忆。随着年龄增长，意识记忆占大脑的比例越来越大。这也是年龄增长后"健忘"加剧的原因。虽然意识记忆也存储在大脑中，但如果"诱导条件"不充分，就无法唤起意识记忆。这时，回想不起来的记忆就如"生锈的抽屉"，没有实用价值。宝剑锈矣，驹留不住。为了将重要的知识保留为故事记忆，我们需谨记时常向他人讲解学过的知识。

7

学习要适可而止吗

与电脑不同，大脑的记忆不是永久的。记忆随时间自然消失是正常的，即所谓的"遗忘"。有趣的是，"记住"和"遗忘"都是与记忆相关的大脑机制，但能够用意识操控的只有记住，而不能有意识地进行遗忘。正如在失眠的夜晚越想入睡越睡不着一样，越努力遗忘，记忆越深深地刻在大脑里。

由于遗忘不能被意识操控，反而说明其机制很简单，科学地研究忘却这一现象就比较容易了。早在19世纪，德国心理学家艾宾浩斯就对"遗忘"进行了详细研究。

艾宾浩斯在实验中，将无意义的字母每3个分成一组，分为若干组让研究参与者记忆，并记录其遗忘速度。实验结果如图48所示，数据表明，人们在4小时后会忘记将近一半的内容，之后，逐渐忘记残留的内容，整体遗忘速度呈现出几何曲线的趋势。也就是说，在刚开始学习时我们会遗忘掉大部分内容，而剩下的记忆会相对保留较长时间。这就是著名的"艾宾浩斯遗忘曲线（保持曲线）"。

前面已经讲过考试前突击学习不是良策，但到了不得不临时抱佛脚时，比起在前一天熬夜学习，考试当天起早学习效果更好，毕竟这样在考场上还有印象的可能性更高。而且，由艾宾浩斯遗忘曲线可知，考试前的 4 小时是学习的黄金时间。

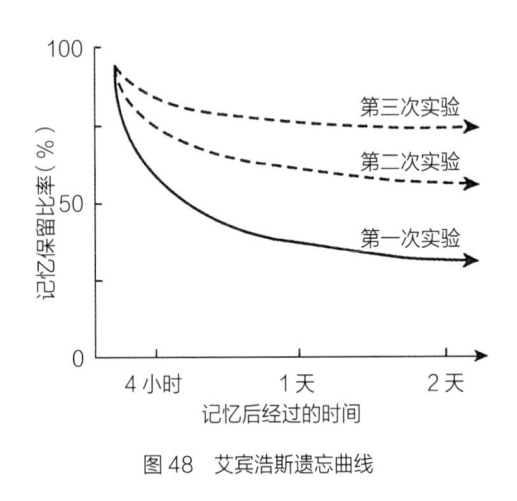

图 48　艾宾浩斯遗忘曲线

如前所述，我们无法有意识地进行遗忘，但实际上存在加快遗忘的方法，那就是增加记忆的信息量。比如，艾宾浩斯在实验中，让参与者记忆 20 组字符串，每组为 3 个字母。根据遗忘曲线，第二天应该还记得 8 组（比例为 40%）左右，但如果在这期间，让参与者额外记忆 10 组字符串的话，那么参与者对最初的 20 组字符串的记忆比例会大幅下降。

由于记忆的神经回路相互作用，所以记忆相似的东西时，会干扰原有的记忆。即"记忆干扰"。由于记忆干扰效应，有时也会闹出这样的笑话，失恋后一直诉苦忘不了前任的人，一旦进入新恋情，前任的事便已忘到九霄云外了。另外，原有的记忆也会对新记忆产生干扰。虽不是使其消失，但会模糊新的记忆，有时也会导致记忆混乱。这意味着大脑信息过载记忆力反而会变差。

举个例子，假设明天有一场考试，你必须记住100个完全不熟悉的英语单词。这时，与其拼命记住全部100个单词，不如确保能够牢记50个单词，这样通常可以获得更好的分数。这种现象同样是由于记忆的干扰所致。虽然只记50个单词的方法确实有些取巧，但不论是从提高成绩的角度看，还是从节省时间、体力、精力的角度看，都是良策。并且与通过熬夜强行记住100个单词相比，这种方法要健康得多。记忆时，选择信息适量的内容，并着重记忆理解的部分，这才是符合记忆性质的学习方法。

让我们将视线转回图48。艾宾浩斯接着进行了一项更详细的实验，他先让参与者记忆20组字符串，然后隔几天再次让他们记忆相同的字符串。结果显示，相比第一次，第二次记忆更加牢固。到了第三次，记忆的效果更加显著。这意味着在第一次实验时参与者无法回忆起的字符串并非完全遗忘，而是存储在大脑的潜意识中。这种潜在记忆会帮助第二次学习从而提升记住的字符串比例。这也说明，有些记忆只是暂时无法回忆起来而已，并非遗忘。而且，通过反复记忆，记忆力似乎会增强。

由此可见，"复习"在学习中的重要性。于是，艾宾浩斯围绕复习的最佳间隔时间展开了进一步的研究。根据实验结果可知，如果间隔超过一个月，即使进行二轮记忆，也不能增强记忆效果。看来潜意识中的记忆保存期限大约为一个月。

在艾宾浩斯实验过去了百余年的今天，现代脑科学已详尽阐明了其背后的原理。关键词仍是"海马"。海马从大脑皮层的颞叶接收大量信息后，会选择性地筛选出需要记忆的重要内容，并将其再次传递回颞叶，起到"选择性记忆"的作用。

换句话说，海马扮演着临时存储记忆的角色。它对记忆进行整理分类，将其筛选为"重要"和"不重要"的信息。而记忆停留在海马中的时间最长只有一个月。所以，这一个月是复习的绝佳时机。错过这个时机，就无法达到复习的效果。所谓高效的复习方法就是在原有记忆仍存储在海马中时，重复学习想要记住的信息。这样，海马会认定这些信息是"重要"的，并将其传递回颞叶，同时下达指令——"记住这些信息"。随后，颞叶会按照海马的指示保存这些记忆。

图49 海马的工作是整理分类

如图38（第123页）所示，除了利用突触可塑性建立新的神经回路，还可以通过"突触形成"的方法。突触形成是一种缓慢而稳定地建立新的神经回路的过程，在大脑皮层如颞叶等区域可以观察到，有助于建立持久和稳定的神经回路。总而言之，一旦信息从海马传递到颞叶，该记忆将长期存储于大脑中。利用这一点，我们甚至可以通过"复习"拥有终生不忘的强大记忆。

相反，从不复习、只在考前突击学习的人，其大脑很难有效地形成牢固的记忆。而通常，期中考试和期末考试等考试会间隔一个月以上举行，所以只在考前临时抱佛脚的人会有"记不住"的困扰也是情理之中的事情。

根据艾宾浩斯遗忘曲线，科学的高效复习方法是：在学习后的一周进行第一次复习，然后在第一次复习后的两周进行第二次复习，最后在第二次复习后的一个月进行第三次复习。在两个月的时间内，逐渐拉大一次学习和三次复习的时间间隔，最终使海马将其认定为重要的记忆。

我们之所以会感到年龄越大"记性越差"，原因之一是缺乏年轻时反复学习的毅力。在学生时代，即使我们没有刻意进行复习，学校的课程本身也具有一定的复习效果。因此，对那些在毕业后仍然希望掌握某些技能的人来说，就需要养成反复学习的习惯。

8

睡眠促进孩童成长——不可思议的"梦"

前面已经讲过,熬夜学习是一种低效的学习方法。但其实熬夜对记忆力不好有更深层次的原因。那就是梦对记忆力有影响。

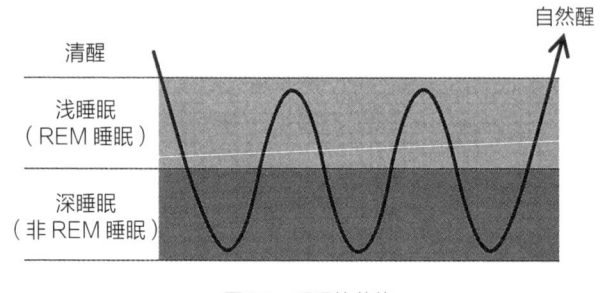

图 50 睡眠的节律

在介绍梦之前,先简单聊聊睡眠吧。众所周知,人的睡眠是有节律的,深睡眠和浅睡眠呈周期性交替反复进行(图 50)。美国心理学家阿瑟林斯基将自己的儿子作为实验对象研究睡眠节律,研究发现,睡眠节律大约每过 90 分钟重复一次。于是他将浅睡眠命名为"REM

睡眠（快速眼动睡眠）"，深睡眠则为"非REM睡眠（非快速眼动睡眠）"。REM睡眠和非REM睡眠的一次周期通常在一夜间重复4到6次。

人做梦的时候是处在REM睡眠期间，在REM睡眠期间，人的眼球快速转动，脑波非常活跃，好像要从睡眠中苏醒一样。而在非REM睡眠的时候，脑波非常平和、安稳。此时，脑处在休息状态，身体却有明显的肢体活动。与之相反，处在REM睡眠期间的人，却如同死一般酣睡。这表明，处在REM睡眠的时候，人的身体是休息的；处在非REM睡眠的时候，脑是休息的。睡眠中两种状态相互交替。

该周期反复几次后，再加上充足的睡眠时间，到了浅睡眠的时候，人就会自然睁开眼睛。这时，在清醒之前，为了唤醒沉睡的身体而伸展四肢，即所谓的"伸懒腰"。但如果是被闹钟等叫醒，不得不从非REM睡眠中醒来的话，在起床之前，由于脑尚处在睡眠状态，人会感到昏昏沉沉、不清醒，而且这种昏昏沉沉的状态会持续一整天。如果这天有考试，那简直太糟糕了。要想一整天都保持清醒的头脑和舒畅的心情，就要尽可能地从REM睡眠中自然苏醒。但睡眠周期具有个体差异，所以就需要各自摸索出自身的睡眠节律。另外，有人或许会有这样的经历，突然醒来却完全无法活动身体，俗称"鬼压床"。这是因为身体处于REM睡眠期间，大脑却清醒了，导致我们虽意识清晰，但身体仍然处于睡眠状态，无法起床，甚至无法活动四肢。实际上，这是一种睡眠障碍。

言归正传，让我们回到梦的话题。"梦"是人处于REM睡眠状态下所经历的情境,这些情境存在于大脑的记忆中,因此可以说"梦"是记忆的再现。有些人在一夜之间做了很多梦,也有人几乎不做梦,但这只是因为后者在醒来后无法记住所做的梦而已。实际上,人在起床后所能回忆起的梦只是整体梦境的一小部分,而且有科学家推测,其比例不到1%。

虽然很多人觉得"梦"这个字带有幻想的色彩,但事实却并非如此。我们记住的梦,有些印象深刻,有些则荒诞不经、古怪离奇,但实际上,梦中更多的是再现日常生活中的场景。只是我们并不记得那些太过普通的梦境而已,即便记住了,也无法在醒来后分辨那是梦境还是现实。因此,现代脑科学对弗洛伊德和荣格关于梦的理论持怀疑的态度。

美国心理学家麦克诺顿1994年在《科学》杂志上发表了关于海马场所神经元的研究,其中围绕"梦"发表了有趣的见解。如第二章所述,场所神经元是仅在海马活跃的神经细胞,能够记住所在空间的特定位置。而当这些神经细胞活跃时,意味着我们能够判断自己正身处何处。

麦克诺顿对老鼠的场所神经元进行记录时,发现了一个有趣的现象:白天活跃的场所神经元在夜晚的REM睡眠期间会再次活跃。这表明老鼠在睡觉时会回想起清醒时去过的地方,会"做梦"。虽然老鼠做梦本身就很令人惊讶,但更令人惊讶的是,它们通过梦境能够回想起白天发生的事情。即通过做梦再现的过去的经历,回顾和整理过去的记忆。

现代脑科学认为,梦是整理大脑信息、强化记忆的必要过程。记忆可以通过梦境保存下来。换言之，睡眠对记忆的巩固作用非常大。美国的精神病学教授斯蒂克戈尔德于2000年在《认知神经科学》杂志中提出：如果要掌握某些新知识或新技能，需要在记忆当日保证6小时以上的睡眠。如果睡眠不足，强行塞入脑中的记忆也不会存储在颞叶，几天之后就会自然消失。想必大家都有考前拼命熬夜学习，但记住的知识转瞬即忘的经历吧。充足的睡眠可以提高记忆效率。

学习过的知识技能经过一段时间会自然地消化吸收。例如，在网球课上，无论怎么练习都无法掌握某个球路，倍感沮丧，最后筋疲力尽地睡着了。然而，第二天再次尝试时却轻松地掌握了该球路。再比如，有时候我们在学习时一直百思不得其解，但突然有一天就茅塞顿开，能够明白其中道理。

这种现象被称作"追忆"。大脑会在睡眠中整合记忆，对日后的学习大有裨益。换言之，记忆在梦中被进一步消化吸收。根据追忆现象，学习的内容需要一定时间才能发挥最佳作用。就像葡萄酒需要时间来发酵一样，经过几天沉淀的记忆比临时死记硬背的记忆更牢固，对大脑来说也更易利用。

这意味着，根据追忆现象规划"学习时间"非常重要。如果所学的知识大约要花费6小时，那么可分成3天，一天学习2小时。这样一来，加上睡眠期间的记忆整合，我们能够更有效地记忆知识。也就是说，我们应该坚持每天学习一点点。

9

普通人是无用的人吗

接下来,让我们从图 35(第 117 页)所示的记忆生理学的角度来探讨记忆力。由于大脑在经历失败时也会形成记忆,所以反复试错能够加强记忆。只是,无论我们多么努力,记忆中都会有一些模糊的部分。也就是说,无论我们多么深入地探索某个领域,失败都仍然存在。当然,失败并不可耻,我们也不需要害怕失败。重要的是,我们应该从失败中进行"反思",而不是"后悔"。而且,正是因为人脑记忆的模糊性(模糊率高),我们才能从失败中获取宝贵的经验教训。

利用大脑特性,遵循学习步骤,让学习更高效。在老鼠的操作性条件反射实验中,将食物、杠杆和蜂鸣器这三个因素的关系分开记忆比一次性记住它们的关系更加高效。尽管这似乎是一种绕远路的方法,但只要遵循正确的学习步骤,我们就可以减少失败的次数。所以,与其直接涉猎高难度的内容,不如先掌握基础知识,然后逐渐增加难度,这样循序渐进效率更高。

学校教育按照教科书中的学习步骤,从基础知识到应用进行教学,学生无须过于在意学习的流程。然而,对试图通过自学掌握某种知识技能的人来说，掌握学习流程至关重要。在学习过程中，首先要把握整体，不要拘泥于细节。先初步了解大概，随后再逐步深入细节。

在操作性条件反射实验的早期阶段，老鼠无法辨别 Do 调和 Sol 调。因为记忆本身就是模糊的，无法自发地区分相似的事物。实际上，大脑的确难以区分初次接触的相似事物。因此，学习的第一步应是把握相似事物的范畴，其次才是区分细节。在实验中，老鼠能够辨别 Do 和 Sol 后，通过适当的训练，它们甚至可以辨别 Do 和高音 Do。但如果一开始就试图让老鼠分辨 Do 和高音 Do，无论如何训练都无法成功。由此可知，合理的学习步骤是：先整体把握事件，再进行细节区分。

举个例子，对西方绘画不感兴趣的人来说，不论哪幅画，看起来都差不多。但如果是稍微了解西方绘画的人，就能判断出是文艺复兴时期的作品还是印象派绘画。再深入学习后，甚至能够区分出莱昂纳多·达·芬奇、拉斐尔和米开朗琪罗的作品。同样地，如果不关心古典音乐，就认为其中的曲子听起来都大同小异。但是，当你认真聆听时，一定能够辨别巴洛克音乐和浪漫派音乐。随着进一步的认知，应该能区分出肖邦、舒曼和李斯特等作曲家的音乐。总之，由于记忆的性质使得我们难以区分相似的事物，所以一开始无法区分是很正常的，不必为此感到羞耻和沮丧。只要遵循正确的步骤，任何人都能掌握事物的细节。

另外，有趣的是，一旦能够区别 Do 和高音 Do，区分 Sol 和高音 Sol 也会变得容易。当你开始留意细微之处时，便能够区别其他微小的差异。换句话说，一旦掌握了对某个事物的认知方式，你也会提高对其他事物的理解能力。比如，擅长打棒球的人更容易掌握垒球技巧，精通英语的人学习法语也会更加得心应手。同样地，如果掌握了某道数学问题的解题技巧，便可以举一反三。

这表明，大脑在进行记忆时，不仅仅是记住记忆对象本身，如"客观事物"，同时也会记住对客观事物的"理解方式"。如前文所述，发现和掌握"规律性"有助于增强记忆。而通过理解去记忆一个事物，能提高发现其他事物规律的能力。换言之，记忆具有协同性。这意味着大脑记忆并熟练运用的知识越多，大脑的可用性也越高。日常使用计算机时，使用时间越长，出现损耗和故障的概率越大，但与之相反，大脑的奇妙之处在于越用越灵活。

总体而言，你熟练掌握某一科目的某一知识点后，你会更容易领悟其他知识点，并能准确记忆所学内容。同理，精通一个科目能够促进对其他科目的学习。对连一个科目都掌握不好的人来说，全科目成绩都很优异的人简直是超凡的天才。不过，取得优异成绩并非完全依赖天赋，更多的是凭借不同科目的学习能力共同促进，使综合学习能力得到提高。通过专注于一门科目，并克服个人偏好等消极情绪，积极学习其他科目，可以提高整体学习成绩。长远来看，将精力集中在一门科目上比均衡分配时间和精力更高效。因此，我们应该首先确保至少擅长一门科目。

10

天才的秘密

记住"理解的做法"会产生什么作用？此处记住"理解的做法"即记住"How to"的记忆形式，也被称为"程序记忆"。在图15（第52页）记忆的层次结构中，程序记忆位于最底层，是最原始的记忆形式。这意味着它是最不容易遗忘的记忆。例如，即使长时间没有骑自行车或玩纸牌游戏，仍然能够自然而然地记得如何骑自行车或纸牌游戏规则。

另外，由于程序记忆非常牢固，这导致我们在运动中一旦养成了错误的动作习惯，后期改善会很困难。但如果能够很好地利用这种牢固的程序记忆的话，对我们也是大有裨益。

程序记忆又称为"内隐记忆"，其形成和发生都是在无意识中进行的。虽然我们需要有意识地记忆"事物"，但是记忆事物的"理解方式"是在无意识中进行的。程序记忆不受个人意愿控制，在个体无意识的情况下，程序记忆发挥着巨大的作用。

例如，象棋或围棋的棋手在博弈结束后，可以完全复现对局全过程。对外行人来说，他们似乎具有天才般的记忆力。如果只凭借"故事记忆",即记住每一步棋子何时如何移动,想完全记住整个棋谱,确实需要超人般的记忆力。不过,棋手们记忆棋谱时,不仅运用了"故事记忆",还同时运用了"程序记忆"。"故事记忆"帮助他们记住自己的下棋思路,而"程序记忆"帮助他们记住可能出现的棋盘对局模式。换句话说,他们无意识地将棋谱进行分类,并洞悉了其中的"规律性"。

但如果棋盘布局呈现出不可能有的模式(例如:业余玩家不按规则摆放棋子),那么即使是大师也难以记住棋谱。在这种情况下,大师的惊人记忆力也会与业余玩家的记忆力相当,因为过往经验所积累的程序记忆无法发挥作用,所谓的"天才"的能力通常基于潜在的"程序记忆"。换句话说,正是程序记忆造就了天才。

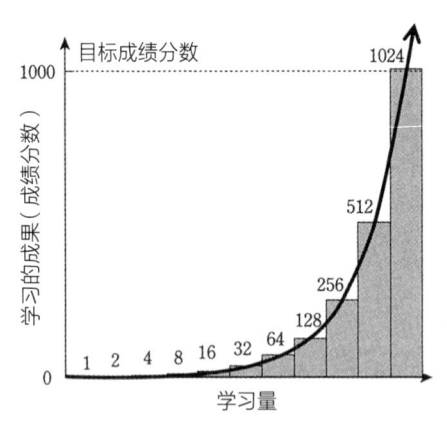

图51 学习和成绩的关系

假设我们都记住了一个事物 A,与此同时,与事物 A 相关的"理解方式"也会在无意识中通过程序记忆被我们记住。接着,当记忆事物 B 时，事物 A 的程序记忆会自然地帮助我们理解事物 B，使我们更容易记住事物 B。当然，在这个过程中，大脑中也会自动形成事物 B 的程序记忆。不仅如此，后记住的事物 B 的程序记忆会加深我们对先记住的事物 A 的理解。

总之，当我们记住 A 和 B 两个事物时，大脑中会存储四种（二的二次方）记忆形式，分别是"事物本身"的"A"和"B"，以及"事物组合"的"从 A 角度看的 B"和"从 B 角度看的 A"。这表明记忆力的协同性通常具有"累积（乘方）效应"，这使得学习的成果呈现出指数级上升趋势。

如图 51 所示。假设大家目前的成绩是 1 分，并且设定目标成绩为 1000 分。通过学习提升等级，成绩达到 2 分。进一步努力学习，再提升一级，成绩达到 4 分。像这样不断努力，成绩逐步提升到 8 分、16 分、32 分、64 分，每一次学习的成果都会为下一次学习提供基础，整体呈现出累积效应。

尽管大家付出了如此多的努力，目前的成绩仍然只有 64 分。与目标成绩 1000 分相差甚远，似乎还停留在起点没有进步。这时，很多人大概会陷入巨大的困惑和烦恼。"为什么我这么努力学习，但成绩还是没有提升呢？""难道我真的没有才能吗？"当看到那些取得 1000 分成绩的人时，他们可能会想，"完全比不过啊""这就是所谓的天才吧""不会是外星人吧"。此时，大多数人会因为自己天赋不佳而灰心丧气，并半途而废，然后将那些获得 1000 分以上成绩的人称为"天才"。

但是，如果你能够坚持不懈地学习，那么成绩将会逐步提高到

128 分、256 分、512 分。像这样不断努力学习，可以显著提高成绩。这正是学习和成绩之间的本质关系。如果再加把劲，成绩达到 1024 分，就能够实现目标了。在持之以恒的学习中，我们会忽然有种视野开阔的感觉，仿佛眼前出现一片大海，事物也变得更加易于理解。这种瞬间类似于"顿悟"，但其实是学习的累积效应所带来的结果。

接下来，只需要稍加努力就能够将成绩提升到 2048 分。这体现了学习的累积效应的本质。对那些非常努力才达到 64 分的人来说，那些已经达到 2048 分的人简直就是天才。

关于学习效果，还有一点值得一提。虽然天才和普通人的能力确实存在很大的差距，但天才之间的差距更大。比如成绩为 1024 分和 2048 分的两个人都被称为天才，但他们之间相差了 1024 分，实在令人惊讶。尤其对于成绩只有 64 分的普通人来说，这种差距是无法想象的。

举个例子，如果一名职业棒球选手加入业余棒球团队，所有人都会将其视为天才般的球员。然而，职业棒球界并不是一个人均"天才"的群体，其中的球员之间也存在能力差异。像王贞治和长岛茂雄这样的名将与普通职业棒球选手之间的能力差距，就连外行人也能看得出来。只是对业余棒球员来说，这种能力差距难以想象。随着水平的提高，个体之间的能力差距会越来越大。这一原理不仅适用于棒球，还适用于网球、象棋、钢琴等领域。

综上所述，学习知识或技能时，"持续努力"是关键。只有持续努力，才能获得回报。即使暂时未获得成果，也不应该轻易放弃。更不能受身边天才的影响而灰心丧气，将自己的能力与他们的能力进行比较是毫无意义的。因为努力和成果并不成正比,而是呈现出指数函数的趋势。人各有志,尽管暂时存在差距,但只要坚持努力,总有一天会到达天才们所处的高度,并具备与他们匹敌的能力。这是由大脑的性质所决定的成长模式。虽然无法立竿见影,但只要我们持续努力,就能稳步巩固和提升自己的能力。在学习遇到瓶颈时,我们可以利用这个事实来激励自己。有志者事竟成,让我们加倍努力吧。

"天才"这个词是由缺乏努力的普通人所幻想出来的。我们不应该被这个词所迷惑。正如"天才"爱迪生所说的那样,"天才是 1% 的灵感加上 99% 的汗水","天才"并非上天赐予的天赋才能,而是源自那些血与汗浸润的无尽努力。

11

记忆决定命运

在本章介绍了许多提高记忆力的方法，总结为以下几点，"好奇心""努力""毅力"以及一些"小技巧"。此外，还应该注意防止大脑碰撞、不过度饮酒等，以免不必要地损害脆弱的神经细胞。当然，更重要的是保持干劲和良好的心态。毕竟缺乏"干劲"，更遑论提高记忆力。

如果强迫一个没有干劲的人记住某些事物，除了使用奖励或惩罚的手段之外，别无他法。但这样一来，人和利用奖惩机制进行操作性条件反射实验中的老鼠有什么区别呢？作为天生具备高度发达的大脑的人类，如果我们不利用它，过着庸庸碌碌的生活，实在令人遗憾。

世界上充满了令人着迷的事物，它们或有趣或令人兴奋或神秘，这些事物让我们想要推开大门去探索。在追寻这些事物的同时，享受生活，我认为这是人类特有的生活方式，也是人类的"权利"。在被誉为名著的《存在与虚无》中，萨特主张"人类在经历无用的苦难"，他也坚称"人类注定要承受自由之苦"。正如此言，我认为享受生活也是人类所承受的命运之一。

通过从多方面探讨如何增强记忆力，最终得出的结论是："关键在于提高个人的意愿。"然而，这个结论尽人皆知，就像父母对不努力学习的孩子说"只要你肯学，就能学好"一样，是一个不言而喻的道理。尽管如此，渴望轻松也是人之常情。与其宣扬努力和毅力等大时代的体育精神，有些人更倾向于掌握一些不费力就能轻松记忆的方法。我想没人能拒绝一种能轻松增强记忆力的魔法药物吧。在接下来的第七章中，我会对此进行详细介绍。

第七章

增强记忆力的魔法药物

LTP 会因二十二碳六烯酸（DHA）而变大

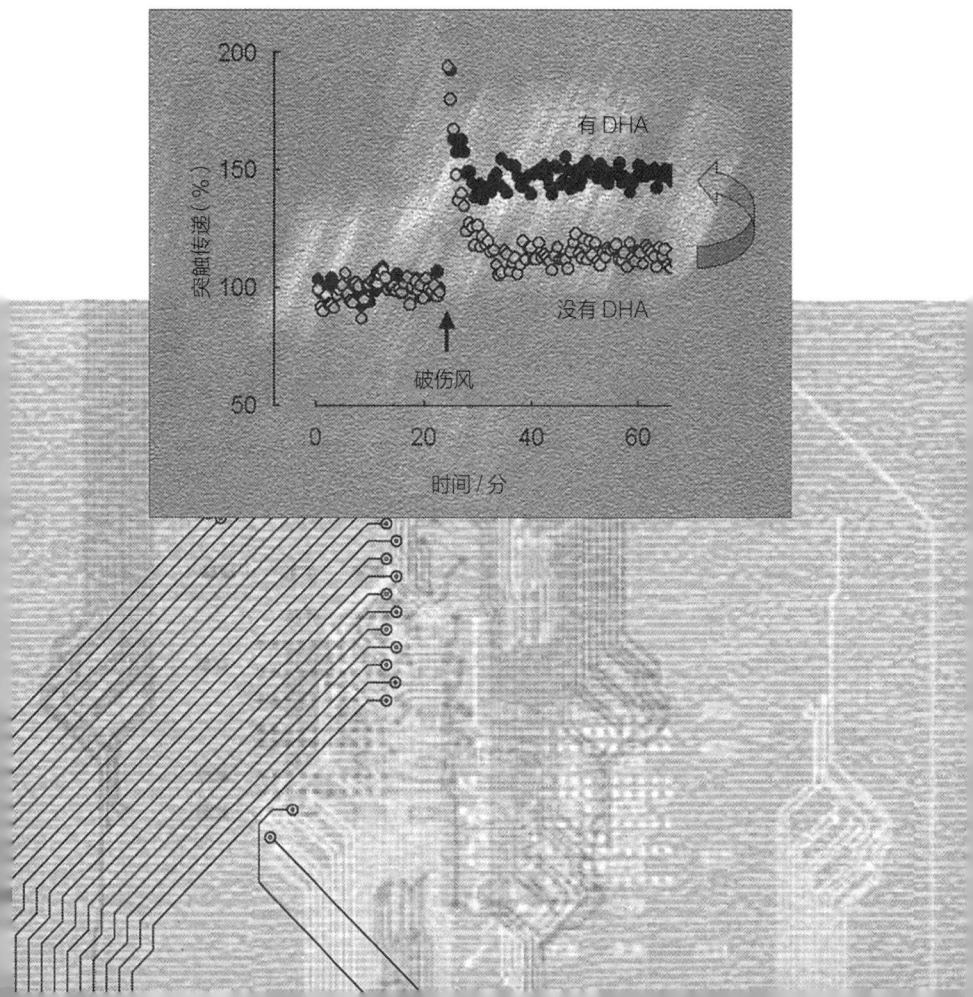

突触传递（%），时间/分，有DHA，没有DHA，破伤风

1

记忆力的兴奋剂

或许是在药学院从事记忆研究的缘故,我经常被问到"有没有能让人变聪明的药物"。虽然是玩笑,但其中也蕴含着真实的渴望。特别是对考生和他们的父母而言,这个问题就像是抓住最后一根稻草一样。在不久之前,每当被问到这样的问题时,我总是笑着应付道:"如果真的有这样神奇的药物,我肯定会第一个喝下去。"

但事实上,在现代脑科学领域中,拥有让人变聪明的魔法药物并不完全是空想。在本章中,我将介绍不同药物对记忆力的影响。在此之前,为避免误解,我需要明确一点,本章所涉及的药物仅限于直接影响记忆的药物。在古代的传统医药书籍中,记载了能使头脑清醒的烟草和草药等,可以间接提升记忆力。不过,其中的依据并不可靠,而本章提到的都是经过科学验证的药物。

最常见的"记忆力增强药"就要数咖啡中的咖啡因了。咖啡的历史可以追溯到10世纪,毫不夸张地说,它是人类亲近的嗜好品之一。由于咖啡因具有提神作用,咖啡在人们办公犯困、驾车打瞌睡的时候也很受欢迎。脑科学研究人员早在很久以前就发现了咖啡因具有促进记忆力的作用。在近年的大规模社会实验中，也得出了相似的结论，咖啡因的摄入量大虽然对成绩的影响微乎其微，但确实可以提升考试成绩。

图 52　有魔力的嗜好品——咖啡

然而，凡事有利有弊。咖啡有一定的依赖性，过量饮用对身体有害。长期饮用会产生耐受性，失去效果。我只在关键时刻才借助咖啡因的力量。不过，我也听说过这样的事例，平时不喝咖啡的考生，在考试当天喝咖啡，反而导致考试失败。原因是咖啡因会使本就紧张的大脑过度兴奋。而且，咖啡因还会加快心跳，造成情绪过度紧张。虽然咖啡因是一种在日常生活中容易获取的记忆力提升剂，但需谨慎使用。

2

聪明鼠的诞生

经过更科学的验证，近日在我的实验室发现了一种增强记忆力的药物。首先简要介绍一下研究背景：1999年，美国分子生物学家钱卓在《自然》杂志上发表了关于"聪明鼠"的研究。

这只老鼠一经在学术界报道，立刻成为全球热议的话题。钱卓利用基因改造，改造出了记忆力增强的聪明鼠。钱卓的理论非常简明扼要，他认为：如果LTP增强，记忆力也会增强。诱导LTP发生，需要激活NMDA受体，使细胞外钙离子内流。也就是说，拥有更多NMDA受体的老鼠，会有更多钙离子内流，从而变得更聪明。于是钱卓将NMDA受体基因转入老鼠基因中，使老鼠有两对NMDA受体基因，而普通老鼠只有一对该基因。实验结果显示，聪明鼠的NMDA受体更容易激活，钙离子流入量大约增加了两倍，和预期一样，聪明鼠产生了更多的LTP。

接着，钱卓让这只具有强大LTP的老鼠进行水迷宫实验。结果非常惊人，这只老鼠仅花费普通老鼠所用的一半时间，就找到了水池中的指定避难场所，并且还能牢记指定位置。

利用基因改造创造了"超强记忆老鼠",这项突破性的研究令全世界沸腾。然而,这项研究面临的最大困难是基因改造这一手段无法应用于人类。虽然针对癌症等不治之症的"基因治疗"技术广受媒体关注,并具有广阔的发展前景,但是,将 NMDA 受体基因导入人体在技术上可行,在伦理上却不可行。

基因治疗是指通过外源正常基因恢复患者受损的身体功能,以达到"治疗"目的。而将 NMDA 受体基因导入人体是为了提升正常人的认知能力,这不仅是"人体改造",还关乎人类子孙后代的生存和发展,涉及人类的尊严和对生命的敬畏,违背了自然规律,是科学研究不能跨越的底线。因此,我们必须寻找其他方法来提升记忆力。在这方面,我的实验取得了成功。

3

肝脏和记忆之间的神奇关系

我的实验也是着眼于探索 NMDA 受体的功能。如果 NMDA 受体中的钙离子通道更容易打开，那么记忆力就会增强。我们利用药学部门的优势，致力于开发能增强 NMDA 受体活性的药物。在药学领域，这一寻找具备新功效药物的过程被称为"筛选"，是药物开发中最重要的一步。

我的实验在进行筛选时，始终以开发"药物"为前提，将人体内原本存在的物质作为候选物。由于这些物质本身存在于体内，制成药物后，其副作用较小。我们筛选了多种新药候选物，最终发现了一种具有强大功效的物质——"K90"。

"K90"是一种大量存在于肝脏的物质。肝脏具有显著的再生能力，即使手术切除了 90% 的肝脏，剩余的肝细胞也能通过增殖恢复成完整的肝脏。这是因为肝切除后，分泌的 K90 能刺激剩余的肝细胞增殖，使肝脏恢复到原来的大小。而令人震惊的是，在之后的研究中发现，K90 不仅存在于肝脏中，也存在于大脑中，尤其是海马中富含大量 K90。不过，K90 在海马中的作用完全成谜。为什么肝脏的物质会存在于海马中呢？K90在海马中又发挥着什么样的作用呢？

为了开发能够促进NMDA受体通道打开、钙离子内流的药物，我的研究室在药物筛选时发现了具有强大功效的K90。K90能够将钙离子内流量提高到惊人的三倍以上。我们以前从未遇到过功效如此强大的药物，它巨大的潜力让我们激动不已。兴奋之余，我们立即展开了K90对LTP作用的研究。不出所料，它显著加强了LTP。我当时深信这个研究方向是正确的。不过，在进入下一个阶段之前，还需要弄清楚LTP的作用机制。

K90能够诱导LTP，但对LTD没有影响。目前尚不明确LTD在海马中的具体作用，以前的研究者认为，如果LTP代表着"记忆"，那么与之相反的LTD则可能代表"遗忘"。因此，可以在促进LTP的同时抑制LTD来增强记忆力。然而，这种想法过于简单，1998年英国神经科学家格兰特等人在《自然》杂志上发表的研究报告，推翻了这种观点。

格兰特通过改造老鼠的基因，成功培育了一只LTP过程显著增强但不产生LTD的老鼠。按照传统观点，这只老鼠的记忆力应该会增强。结果，它的记忆力反而非常糟糕。当缺乏LTD过程时无法有效地进行记忆。这说明，LTD的作用并不是消除记忆，而是辅助记忆。要生成"记忆"，可能需要维持LTP和LTD之间的平衡。

通过药物抑制LTD不利于形成记忆，而保持LTD不变，仅促进LTP可以增强记忆力。因此可以说，能够显著增强LTP而不影响LTD的K90是理想药物。

尽管K90符合所有标准，但此时还只是记忆力增强药物的候选物。

从突触可塑性的角度来看，理论上存在增强记忆力的可能性。为了证明这一点，我们进行了水迷宫实验。在测试开始前30分钟给老鼠植入K90。实验结果显示，与普通老鼠相比，植入K90的老鼠的测试成绩更优秀。而且，植入的K90剂量越大，老鼠的测试成绩越高，完成任务大约只需花费普通老鼠所需时间的1/3。这意味着学习时间可以缩短至原来的1/3。

接下来，我们进行了一项复杂的立体迷宫实验，将食物隐藏在其中，让老鼠记住食物的位置。植入K90的老鼠在这个迷宫测试中也表现得更好。令人惊讶的是，我们发现植入K90的老鼠不仅能更准确地记住食物位置，而且学会了更高效地寻找食物。普通老鼠往往多次搜索相同的位置，而植入K90的老鼠则能够记住已经搜索过的位置，从而更高效地搜索整个迷宫。简而言之，K90不仅有助于增强记忆力，还能使记忆过程更加高效。

综上所述，K90通过增加NMDA受体中钙离子的通量，可以提高智力。

4

记忆力是什么

我们不只发现 K90 可以增强记忆力。接下来，我们将从微观角度分析其机制，探究 K90 如何增加 NMDA 受体中钙离子的通量。经过长期的研究和探索，我们最终揭示了其工作原理。

与图 27（第 86 页）的乙酰胆碱受体类似，NMDA 受体也由 5 个亚单位组成。亚单位的本质是"蛋白质"。众所周知，蛋白质是由"氨基酸"连在一起形成的长链状结构。1 个亚单位由大约 1000 个氨基酸组成，总分子量远超 10 万。这 5 个亚单位组合在一起，形成一个完整的 NMDA 受体。

组成蛋白质的氨基酸大约有 20 种，其中之一是"丝氨酸"，是 K90 发挥作用的关键。

丝氨酸中含有由氧原子和氢原子组成的"羟基"。在学生时代学过化学的人，应该能够理解这一点。如图 53 所示，K90 能够使"磷酸"连接到 NMDA 受体中的丝氨酸羟基上。植入 K90 后，"NR1"这一特定亚单位将被磷酸化。当亚单位与带有负电荷的磷酸结合时，电荷的排斥力会使其变形，进而显著增加 NMDA 受体中的钙离子通量。这就是 K90 在分子水平上提高记忆力的工作原理。

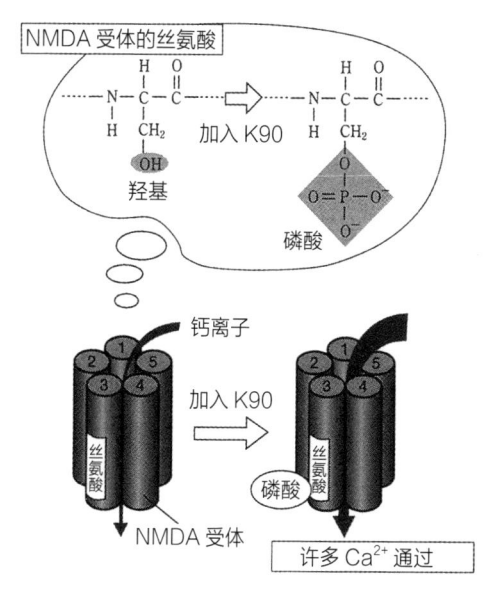

图 53　K90 使 NMDA 受体磷酸化

让我们从微观领域回到宏观层面。在本书中，我一直与读者探讨"记忆"。现在，我想再提出一个问题：记忆力是什么？这个问题是本书的核心主题。在阅读本书之前，大家对记忆力的认识可能很模糊，它是一个抽象的概念，难以捉摸。但我们的研究或许让大家有了一些清晰的了解：记忆力与"NMDA 受体"的活动息息相关。当磷酸与 NMDA 受体结合时，记忆力就会增强。脑科学的研究揭示了记忆力的本质，它居然是由一系列简单的分子运动所形成的。

那么，K90 会成为一种魔法药物吗？根据我们的研究，仅仅 100

纳克，即0.00000001克的微量K90就可以提高记忆力，这是非常惊人的效果。

目前为止，我们实验室只在老鼠身上测试了K90，它是否对人类有效尚不明确。不过，人类大脑和老鼠大脑一样，都依赖NMDA受体和LTP形成"记忆"，所以K90可能同样对人类奏效。但即使K90能够增强人类的记忆力，它仍然存在安全性问题。目前，K90尚未表现出明显的副作用，作为一种记忆增强药物值得期待，但我们需要从完全不同的角度考虑其安全性问题。

关于K90对动物智力的影响，我们进行了多次实验，但只观察了动物部分智力的表现。而"智力"是各种认知能力的综合和平衡。根据我们的研究，K90确实提高了动物的智力。但我们仍不清楚它对动物智力整体产生何种影响。尤其在人类的智力比老鼠的智力更为复杂和精细的背景下，为了确保更高的安全性，我们需要进一步确认其对各种智力的影响。

研发K90药物面临的另一个重大难题是只有将K90直接投入到大脑中，它才能发挥作用。这意味着需要通过开颅手术将其植入脑部，这对人类来说并不现实。未来的研究课题是改善K90的给药途径，使其可以通过口服或注射等方式进入人体。因此，遗憾的是，目前的K90只能被称为"试剂"而非"药物"。

话虽如此，我们每天都在不懈努力，以将幻想中的药物变为现实。希望大家能够期待并关注我们的研究。如果你们当中有对脑科学感兴趣的，请加入我们。我期待与志同道合的人一起探索神秘的大脑世界，揭示"记忆"的真相。

5

丧失记忆力的骇人疾病——阿尔茨海默病

相信大家都听说过阿尔茨海默病。大约 100 年前在德国首次发现该疾病,最近有报道称美国前总统也患上了这种疾病,引起了社会的广泛关注。事实上,阿尔茨海默病患者数量非常多。据统计,日本有超过 100 万名阿尔茨海默病患者,接近总人口数量的 1%。患有"痴呆"的人群中,有一半是阿尔茨海默病患者。根据日本国内的临床数据,在 75 岁以上的老年人群里,平均每五个人中就有一个患有阿尔茨海默病。可以看出,阿尔茨海默病是一种很常见且与我们密切相关的疾病。

阿尔茨海默病的一个显著特征是随着年龄增长,病情会逐渐恶化。参照第二章图 15(第 52 页),阿尔茨海默病的早期症状表现为健忘,渐渐地,患者无法记住物品或人的名字,甚至丧失语言和认知能力。随着病情进一步恶化,患者肢体会变得僵硬,身体无法动弹,最终死亡。这是一种非常可怕的疾病。

许多出版书籍已经详细介绍了阿尔茨海默病的发病机制,此处不再赘述。本书的重点是"记忆"。阿尔茨海默病的早期症状是"记忆力"下降，在这一阶段，大脑中到底发生了什么呢？

阿尔茨海默病患者的大脑最显著的特征是"萎缩"。萎缩是指神经细胞死亡导致脑组织体积减小。随着病情的发展，患者的整个脑部会变小，但在病情初期，只有"海马"和"颞叶"这两个脑区出现萎缩。这些脑区与记忆密切相关，所以很可能是这些脑区的神经细胞死亡导致了"痴呆"。

通过对大脑进行详细研究，我们还发现：在阿尔茨海默病中，携带了"乙酰胆碱"神经递质的神经细胞最容易死亡。这说明，阿尔茨海默病患者的大脑中乙酰胆碱的含量和正常人相比明显减少。而乙酰胆碱这种神经递质在大脑中扮演着非常重要的角色。由动物实验结果可知，阻断乙酰胆碱会导致动物患上痴呆。我们的实验也证实了乙酰胆碱活性下降会减弱LTP。

总而言之，阿尔茨海默病是脑内乙酰胆碱减少而导致的痴呆。1997年，一家日本制药公司率先在全球推出了针对阿尔茨海默病的创新药物。这种药物具有增强乙酰胆碱活性的功效。

从这个角度来看，如果能促进正常人脑内乙酰胆碱的活性，就有望增强记忆力。事实却并非如此。促进乙酰胆碱活性的药物中，最著名的当数"沙林"。由于其作用过于强烈，更准确地说，它更像是一种"毒药"而非药物。1995年3月20日，东京地铁沙林毒气事件有约5500名受害者，给社会造成了恶劣影响，沙林的巨大威力也尽人皆知。讽刺的是，正是通过研究这起事件中幸存者的病症，乙酰胆碱和记忆之间的关系开始显现。

其中，许多患者表示过去的记忆突然涌入大脑，本该遗忘的记忆却变得越来越鲜明。即使患者本人没有刻意回忆，记忆却像走马灯般闪现在脑海中。这个现象类似彭菲尔德进行的著名研究，通过电刺激颞叶使被研究者过去的记忆重现。然而，沙林毒剂更加残酷，即使患者试图停止回忆，记忆也不受控制地接连涌现，从白天持续到黑夜，导致患者无法入睡。护理人员不得不竭尽全力安抚那些被过去记忆所困扰的患者，夜以继日地照料他们。

由上述事例可知，促进正常人体内乙酰胆碱的活性并不一定是有效增强记忆力的方法。但可以明确的是，降低乙酰胆碱的活性不利于记忆，这一点可以从阿尔茨海默病患者的痴呆症状以及LTP的实验结果中得到证实。

实际上，我们日常生活中存在着许多抑制乙酰胆碱活性的物质，例如常见的"感冒药""止泻药"和"晕车药"等，这些药物中均含有抑制乙酰胆碱的成分。我们服用感冒药后会感到头晕，有时还会感到昏昏欲睡，这是因为大脑中的乙酰胆碱活性降低了，此时记忆力也会下降。在考试期间，为了"预防"感冒而滥用感冒药会导致考试时大脑空白，无法回忆起重要知识点，酿成悲剧。因此，随意服用这些药物是不可取的。

但我们也不能本末倒置，过于担心药物副作用，而不按需服药，导致病情恶化。任何药物都有副作用，我们应该充分了解副作用并合理用药，而不是盲目地害怕副作用。如果在考试前确实需要服用感冒药或止泻药，可以选择一些不含抑制乙酰胆碱成分的药物，以确保自己可以安心赴考。如果不清楚药物是否含有抑制大脑乙酰胆碱的成分，可以咨询药店的药剂师。

乙酰胆碱和 LTP 在记忆中均扮演着重要角色，但它们的作用机制完全不同。乙酰胆碱对于记忆和回忆都至关重要，如果阻断乙酰胆碱，将无法进行"记忆"和"回忆"。而 LTP 仅对记忆产生影响，这与海马与记忆相关、与回忆无关的结论相符。因此，即使抑制 LTP，"回忆"也不会受到影响。这些现象展现了记忆的奇妙之处。

更有趣的是，梦的形成也与乙酰胆碱有关。第六章中提到，梦是对过去经历的回忆和整理。乙酰胆碱与梦的关系不言而喻，在快速眼动睡眠（REM 睡眠）期间，大脑中的乙酰胆碱活性增强。相反，如果服用抗乙酰胆碱药物，会抑制梦的形成。由于 REM 睡眠与记忆力密切相关，从梦的形成角度来看，抗乙酰胆碱药物不利于记忆。

除了抗乙酰胆碱药物，还有其他药物会抑制 REM 睡眠，即"安眠药"。尽管并非所有的安眠药都会抑制 REM 睡眠，但"巴比妥类"安眠药的效果尤其强烈。如果考生考前因压力大而失眠，不得不服用安眠药，同时又担心影响到宝贵的记忆力，最好咨询医生。

6

享受美酒

最后，我在实验室进行了一项关于酒的实验，并得出了一个有趣的结论。这个结论和酒有关。

酒是人生的快乐源泉之一。它的历史比咖啡还长，据说可以追溯到古代文明时期。酒虽然被称为"百药之长"，但其中也隐含令人麻烦的地方。比如，"酒精性健忘症"就是其中之一。喝酒之后就会丧失记忆，这就是所谓的酒精性健忘症。我曾经做过让动物喝酒的实验，发现酒后其LTP受到了抑制。其中原因大家可以不用考虑，但是如果有阻止LTP受到抑制的药那就可以放心喝酒了。于是我们通过筛选，发现了好药品。

大家应该听过西班牙海鲜米饭吧？其实它像菜肉烩饭一样。西班牙海鲜米饭上面的黄颜色，来源于藏红花的雌蕊。藏红花属于鸢尾科植物的一种，日本的产地主要在大分县。藏红花的雌蕊成分藏红花素，就是我想要说的这种特殊药物。让正常的动物服用藏红花素，不会让它的LTP有任何变化。不过，让服用了藏红花素的动物喝酒，它的LTP则不会受到抑制。所以，这种藏红花素只有在LTP异常的时候，才会作为药品来发挥"正常化作用"。

图 54　为了享受美酒

此外，在学习、考试中也会产生同样的效果。藏红花素对正常动物的记忆力不会产生影响，但是服用了藏红花素再让其喝酒，它的记忆力就不会降低。藏红花素的效用目前还停留在动物实验阶段，如果对人也有效，那么在喝酒之前服用藏红花素，就能预防酒桌失态，或者即使人酩酊大醉也不会忘记末班车的时间。享受美酒作为最近街头巷尾议论的"生活改善方案"，或许值得期待。

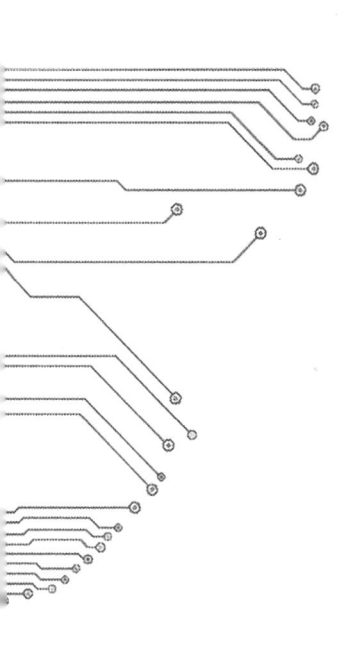

第八章

脑科学的未来

海马异常导致癫痫发作的小老鼠

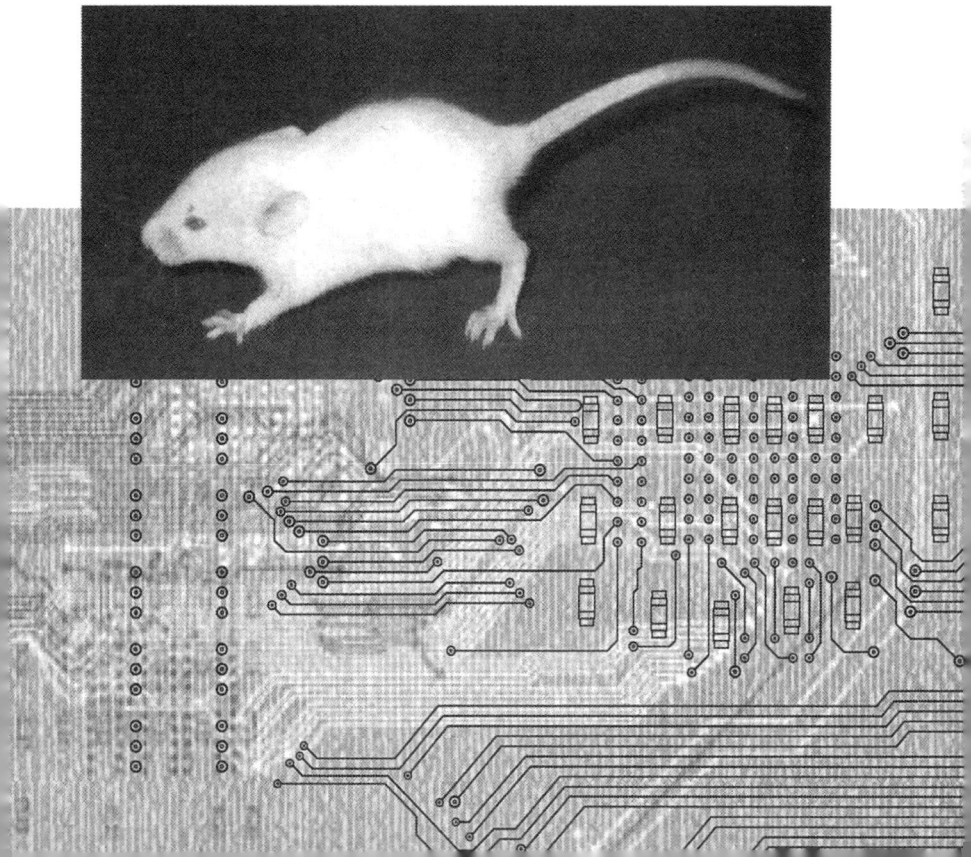

1

美好的未来

和大家一起走过的脑科学之旅已经接近尾声，在最后一章，让我们围绕本书关键词"记忆"这一脑功能来展望一下脑科学的未来。

首先，如果人们梦寐以求的"记忆力增强药"研发出来的话，那么社会会发生什么变化呢？我们这些脑科学家，目前正在研发痴呆、遗忘症的预防和治疗药。如果对患者本人或其周围深受相关疾病困扰的人能有所帮助，那我们将欣慰之至。药物一旦研发出来，健康的人也会受益。因为这是一种增强记忆力的魔法药。只要有了它，就能轻松拥有一个比其他人更加聪明的大脑。这样一来，人们考上名校不是梦，在公司里也能很快出人头地。

不过，也可能有人会说这是"知能[1]兴奋剂"，正常人应该慎重使用，而且还涉及伦理问题，服用者本人可能会产生罪恶感。可是，我还是要发表一些不同意见。在我看来，这并不是关键问题。因为使用这种药，其实和喝维生素及其他营养品并没有本质区别。

---

[1] 即智慧才能。

运动员使用兴奋剂违背体育精神，这确实是客观问题，但这里面的关键在于兴奋剂含有剧毒。现在的肌肉增强剂和兴奋剂往往会损害运动员的健康，甚至危及生命。

所以，我觉得只要安全性得到充分保障，"知能兴奋剂"就会得到认可。实际上，我坚信无论男女老少，每个人都会使用药物来增强记忆力的时代肯定会到来。也许届时就像接种流感疫苗一样，大家都会获得平等的机会。

不过，可能有人担心大家都公平地使用这种药，那么就无法和其他人拉开距离，那么还有什么意义？如果这么想，那么这个人的视野必然狭隘，想法也肯定自私。增强知能所产生的效果，并不仅仅是提升考试成绩或用来发迹。如果记忆力好的话，在学习或工作上就会花去较少的时间，那么剩余的时间就可以和朋友去玩，服务家人，或者发展自己的兴趣，时间都会宽裕。也就是说，增强记忆力的药品就是丰富人生的"梦想之药"。从这个角度来看，使用"知能兴奋剂"不应该被视为伦理问题。我也迫切期待这样的时代早日到来。

2

获得别人的大脑

　　此外，除了服用药物，还有没有其他方法来增强记忆呢？诚然，从"治疗"这一临床观点来看，服用药物是最简单的方法，但也有缺陷。其中之一就是短暂性。也就是说，吃完药之后只要时间一过，药效自然消失。为了维持药效，医生往往会要求对方坚持"一日三次，餐后服用"。

　　这对健康的人来说不是什么缺点，但对痴呆患者来说却是个不容忽视的问题。因为痴呆患者本人有时会忘记服药时间，有时甚至忘记刚才已经吃过药了。这样，就必不可少地需要家人和护工来照顾，从而给周围的人带来负担。由此看来，比药物持续效果更好的其他治疗方法可谓呼之欲出。如果可以，一劳永逸那将最好。

　　不仅如此，药物治疗痴呆还会产生其他问题，那就是药物只能"改善"症状，而不能彻底去除病根。痴呆是神经细胞不断死亡的持续发展性疾病，药物的作用有两种，一种是让剩余的神经细胞活力充足，另一种就是让剩余细胞不再继续死亡。不管是哪一种，都无法从本质上去除痴呆的病根。这是因为死亡的细胞不可能复生。换言之，尽管药物可以改善痴呆，但不能从根本上彻底治好它。

那么，要想彻底治好痴呆还有一种方法，那就是补充不足的神经细胞，也就是脑移植。对此，我们研究团队很早以前就认真地尝试过。之后，神经细胞的脑部移植手术基本上确立下来。也就是说，神经细胞移植确实可以成立。接下来，就是思考移植什么样的神经细胞。

作为其中的选项，备受世界关注的就是位于海马齿状回中的颗粒细胞的前驱细胞[1]。颗粒细胞是脑中极具繁殖能力的神经细胞。如果有这样的繁殖能力，只要移植少许神经细胞，那么它在脑中的数量就会增加，神经细胞的损失就容易得到补充。此外，如果放在试管中使其大量繁殖，然后移植充足的神经细胞，那么治疗效果可能更快。在此基础上，如果移植的神经细胞能在痴呆患者的脑中更好地生存并持续繁殖，那么治疗效果就会更加持续。所以，神经细胞的移植疗法堪称现代脑科学的热门话题。我自己也对其中蕴含的可能性抱有很大期待。

---

1 前驱细胞也叫祖细胞，是细胞在彻底分化前转化成的某种中间细胞。

3

科学可以理解"心"

至此,有关科学证明的"记忆",我们已经给大家进行了说明。当然,记忆还没有被完全探究明白,脑科学的研究还在路上。不过,脑科学在现实中到底发展到了哪一步?是临门一脚,还是刚刚起步?对这个疑问,我们不妨稍做思考。

记忆分为若干阶段。一般认为,至少可以分为学习、存储记忆、思考三个阶段。用专业的术语来说,就是"获取""固定"和"再生"。

本书从LTP和海马等多个角度和大家探讨过"记忆"问题。不过,我不知道读者有没有注意到我只谈了这三个阶段中的"获取"和"固定",几乎没有涉及"再生"。当然,为了回想意识记忆,我曾经提到"契机"的重要性,其中简要地说到了"再生"。可是,有关"契机",我也是浅尝辄止罢了。所以,仅凭我此前的介绍,还不能有充分的说服力让大家还原到自己的生活里。

我在本书中一直有意避开记忆的"再生"问题。这是因为现代脑科学几乎没有弄清"再生"现象。海马借助LTP来筛选信息(获取),然后将完成的记忆保存到颞叶(固定),"获取"和"固定"已经被研究得相当详细。然而一提到"再生",脑科学界就立马缄口不言。这是为什么呢?因为"再生"这一行为之中,涉及"记忆"以外的脑的高级功能。在解答这个问题之前,我想先讲一下"再生"的机制。

脑子越是神志不清,就越能存储更多的记忆。不仅如此,大家在试图回想某些东西的时候,只能以必要的能量自由地回想必要的部分。大家一般都会觉得"再生"这一行为在日常生活中轻而易举,没有什么困难之处。然而对脑来说,这却是难以想象的复杂问题。因为,脑子需要对存储下来的无数记忆进行"检索",然后再寻找出需要的记忆内容。也就是说,只有把"回想"这一指令输送到大量的神经回路,然后去发现存储着自己所需要的信息的神经回路。

当然,脑子里面有无数的神经回路,所以无秩序地检索毫无关联的神经回路,根本就不知道什么时候才能找到目标回路。检索这些混乱的回路,其成功率就会非常低。为了克服这一问题,脑子会沿着相互关联的神经回路对记忆进行检索。也就是说,如果脑在现在检索的神经回路中没有找到目标回路,那么就会选择与当前回路密切相连的神经回路作为下一个目标回路。

对此,我们只要回想一下自己思考问题(再生)时的表现就可以。比如:"这个人我好像见过"→"应该是在研究室的楼栋见过"→"这么说,他应该是隔壁研究室的"→"想起来了,我在研究室楼栋的二楼经常看到他,他就在那层工作"→"对,我看到过那个研究室的教授和他在食堂"→"嗯,我都想起来了"。就像这样,对相关事项进行不断检索,最终发掘出了事实的真相。想到"这个人我好像见过"之后,绝不会连接到"美国第一任总统是谁"。要是这样毫无秩序地检索,那么永远也想不起来这个人到底是谁。所以,开始思考后,信息会不断传输到相关的神经回路进行检索,确实是一种比较高效的检索方法。关于这一点,大家应该可以理解。

在第六章,我们讲述了对相关现象进行联合,对记忆来说非常重要。其原因就在于此。因为大量联系在一起的记忆,其检索的成功率就会更高。对相关现象进行大量联系,那么追根究底的可能性就会更高,回忆起来也就更容易。故事记忆和意识记忆不同,从再生这一阶段来看,故事记忆也能对更多的现象进行复杂联系。第二章开头我提到自己没想起来某个休息日在旅游景点遇到的青年是谁,那是因为神经回路没有得到充分联系。具体而言,就是没有从"这个人我好像见过"联系到"应该是在研究室的楼栋见过"。

正如艾宾浩斯遗忘曲线所呈现的那样,"遗忘"并不是记忆消失,而是相当于无法"再生"。记忆虽然"固定"在脑中,但没有被检索到。对固定下来的记忆放任自流而不加使用,那么彼此之间的联系就会渐渐淡薄。最后,甚至无法检索。这才是"遗忘"的本质。就算是可以联系大量现象的故事记忆,如果放置不理,联合的记忆数量就会减少,不知不觉就可能变成意识记忆。有时候,彼此之间的联系就会消失。

以上是有关"再生"的一点补充。不过,这能算是对脑科学的"再生"现象进行了充分解释吗?答案当然是否定的。因为,这还完全没有触及"再生"的最关键一环。

在前面,我提到所谓"再生",就是把"回想"这一指令输送到大量的神经回路,然后去发现存储着自己所需要的信息的神经回路。

在这里，"'回想'这一指令"指的是什么呢？这不是严格的科学用语。如果用专业术语表达，那就是"意识"，是追忆某种特定东西的契机。有了这种"契机"，就能想起相关现象。然而事实上，现代的脑科学几乎还没有弄明白"意识"到底是什么东西。

为了增强记忆力，本人的"意欲"是非常重要的因素。不过，意欲原本又是什么东西？对此，现在的科学依然没法解答。对于"心"，脑科学目前还说不清楚。

科学在检验记忆的时候，对"获取"和"固定"有了相当详细的研究，可是想要弄清楚"再生"，却遇到了"心"的阻碍，急切之间难以把握。

而且，"再生"和"心"的关系，远比我们想象的要复杂。比如意识不仅可以提供"再生"的"契机"，还与"再生"的"停止"息息相关。当我们通过检索达到目标指向的神经回路的时候，断定"这就是我们想要回想起来的现象"，其实也属于意识的一种。如果这种判断无法顺利进行，那么记忆就无法连续再生。

此外，让"再生"更加困难的是"潜意识"。比如，我们有时候忽然想起某个事物而没有任何"契机"。或者突然想起来已经忘记了的重要事情让自己惊慌不已，或者无意之中哼唱起了自己喜欢的歌曲，或者下意识地拐过常走的十字路口，这些现象都属于无意识引起的记忆再生。其实，这些现象并不是完全没有任何"契机"，而是在不经意之间"潜意识"对脑提供了某种"契机"而已。

潜意识的效果还不止如此。比如，我们都希望忘记那些在无意之间想到的糟心事。因为想起来会感到不快，所以此类记忆会在无意识间被疏远。当然，这种记忆还会固定在脑子里，但是"心"会防止其"再生"。像这样的深层心理对记忆所产生的影响，会使得记忆更加复杂，也会让科学研究更加困难。

"意识"影响的东西不仅仅是"再生"。对于"获取"，意识也有着相当大的影响力。我们在记忆的时候，会轻松地记住意识到的东西。准确地说，这并不是记住所有耳闻眼见的东西，而是选择其中必要的内容加以记忆。至于选择方式，大体可以分为两种。一种是情感关系深厚，另一种是本人的强烈意愿。也就相当于自然而然地"回忆"和考试前的死记硬背。不用多说，后者明显属于"意识"操控。关于前者的回忆机制，通过对扁桃体和LTP的研究我已经探明，可是关于有意识的记忆机制，学界还尚不清楚。

有关"意识"的诸多现象，无论哪一个现象对脑研究者来说都是非常有意思的领域。然而，有关研究才刚刚起步。脑中产生意识的地方，被认为位于大脑皮质的前部，也就是紧邻脑门内侧的"前头叶"。1999年，东京大学的宫下保司曾在《自然》杂志发文，文章指出从前头叶向颞叶发送神经信号，记忆就会再生。这意味着前头叶产生的"意识"刺激记忆的仓库颞叶，记忆就可以被唤醒。以这样的先行探索为契机，今后脑科学家应尽快开拓"心"这一未知领域。我们研究团队也开始研究被称为"脑科学最后堡垒"的意识，希望为科学的进步做出力所能及的贡献。

4

为什么是海马

本书始终以"海马"为关键词来考察"记忆"。读到这里,一提起"海马",大家立刻会想到它是"记忆的司令部"。要说"记忆"是生命高级功能的象征,海马相当于生命的中枢机关,其实一点也不夸张。这也是脑科学关于海马的基本观点。不过在医疗领域,海马却被另眼相看。它被视为拦路虎,难以驾驭。

这是因为海马很容易成为疾病的病源地。比如,我们在前面就提到阿尔茨海默病就是海马的萎缩引起的。同样,近年来大家发现感觉统合失调也是海马的神经细胞坏死引起的。最近,糖尿病后期患者出现的痴呆,也伴随着海马的突触减少。另外,癫痫也和海马有着深刻的关系。海马如果发出异常的神经信号并传输到整个大脑,那么就会引起癫痫发作,而且发作一次癫痫之后,齿状回就无法正常运行,从而导致癫痫更容易发生。

海马和疾病的关系还表现在"缺血"方面。众所周知,当脑部的血液循环无法进行时,就会出现脑死亡。其实与其说是脑死亡,不如说是海马的神经细胞死亡。只要脑部血流停止流几分钟,海马的神经细胞就会很快死亡，而海马以外的神经细胞倒不会受到那么严重的伤害。因为海马的神经细胞很脆弱，极易受伤。当然，海马的神经细胞死亡之后，记忆力就会丧失。痴呆的一半表现是阿尔茨海默病，另一半表现是脑血管性痴呆，也就是脑血管损伤导致神经细胞死亡的疾病。不难想象，海马的变性是其主要病因。

所以从医疗层面来审视海马，它就是各种脑部疾病的病源地，可以说相当麻烦，也就是说万恶之源。要是想着像切盲肠那样将其切除，并不可行。因为癫痫而不得不切除海马的患者 HM 就是典型的例子，这也充分证明切除海马会导致悲惨的结果。也就是说，海马是记忆的中枢，决不可随意切除。虽然它是麻烦制造者，但也是一个极为重要的部位。脑部高级功能区和疾病病源地这对事物的正邪两面，在医疗中是不可避免的矛盾。

那么，海马为什么是兼具脑部高级功能区和疾病病源地这种双刃剑？对此，我当然无法回答。不过，我想在本书的最后讲一讲我个人的浅见。这些思考，来自我博士论文的最后一章。通过本书，我将自己最想传递给大家的内容进行了提炼，然后加以引用，希望和大家一起踏上记忆探索的旅程。

海马具有其他中枢神经系统所没有的特性。尤其是它和疾病的关系，很早以前就被提及，这也是本研究的核心。不过，为什么只有海马的这种特性得到认可了呢？这是此次研究中遇到的根本疑点，也是总体掌握中枢神经系统功能并解决疾病的重要课题。

毋庸置疑，神经系统作为核心组织，在维持生命的基本活动方面不可或缺。这种现象，是贯穿个体生命的不变规律。反之，如果这种管理机制崩溃，那么就预示着个体的终结。因为为了预防这种崩溃，中枢神经系统就有必要持续拥有不承认可塑性和再生性的坚固构造。这也被认为是中枢神经系统形成于胎生期的理由。此外，生命体诞生时所携带的神经结构一直会持续到生命终结。这就是身体为了维持生命而采取的最佳手段。

不过，仅仅如此的话，维持生命还比较困难。要想生命得到延长，生命体还要具备适应外界的能力，随机应变地适应外界的变化。换言之，就是认知—学习—记忆—形成等行为，为此应具备必要的可塑性。可塑性分为生理学的可塑性和构造学的可塑性，生命体为了维持生命就需要这些可塑性。神经组织之所以具有恒定性和可塑性这对矛盾的特性，其理由也许就在于此。

另外，非常重要的是，标志着生命体变化的可塑性和生命体功能障碍也有关系。为了将这种危险性控制在最低限度内，生命体采取的方法就是限制给予可塑性的神经组织。很早以前人们就在被认为是有关记忆、学习的重要脑部位的海马中屡屡发现可塑性现象的发生。这一点，表明海马才是被选中的神经组织。

海马中的齿状回，其可塑性显著。齿状回之所以是出生后才形成的，理由可能就在于其被赋予了更高级的可塑性。一般刚刚形成的神经纤维会显示出高度可塑性，而且之后会通过繁殖能力不断重生，可以使神经回路的状态发生大胆的变化，产生构造学的可塑性。此外，齿状回的轴索不仅是兴奋性神经纤维，还属于无髓轴索。如果说髓磷脂鞘是阻碍可塑性和再生性的因素，那么无髓轴索就会在发掘高度可塑性方面发挥极其有利的作用。

综上所述，生命体高度认可海马这一神经组织的可塑性，而且还单独赋予海马严谨细密的组织结构。海马也是最接近疾病的神经组织。海马为了对抗疾病这一危险因子，还存在着支持高度可塑性的分子结构。这也算是对本节标题的回答吧。

后　序

　　樱花簌簌飘落的季节，我研究室的台式电脑收到了一封电子邮件。原来发件人是讲谈社的篠木和久先生，他看过我的主页。

　　"初次见面……我对池谷先生您在主页介绍中所写的记忆研究这一话题非常感兴趣。不知道您能不能写一本这方面的面向大众的书。"

　　这就是我写这本书的契机。不过，将现代科学领域高度专业化的内容写得通俗易懂，符合大众阅读水平，几乎不可能。刚开始，我犹豫要不要动笔，后来在篠木先生的热情鼓励下，我决定试一试。

　　坦率地说，作为 Blue Backs[1] 书系的作者，我是个例外，资历还很浅。确实如此，只要翻阅一些街头巷尾出售的有关脑的解说书的作者，绝对找不到 30 岁的年轻人。不过反过来说，从前沿的角度看，这些普及书的内容都未免陈旧。研究会不断进步，这一点只有现场参与者才能理解。作为脑科学研究者，我觉得写好这本书就是将现代科学前沿的内容直接传递给大家的绝好机会。

　　要想详细地把极其复杂的脑科学世界介绍给大家，当然是不现实

1　日本讲谈社创刊于 1963 年的书系。

的。要想做出科学说明，就得在"简明"和"正确"这两者中牺牲一个。对此，本书尽可能保留总体框架，以便大家理解。所以，书中不免会出现不少描述简略或者不清晰的地方。这一点，我自己也感到遗憾，也许在同行看来甚至有些浅尝辄止。不过，我会尽可能把前沿的内容充盈起来，这样就可以把最直观的研究成果呈现在大家面前。

现在的脑研究还在征途中。有人指出，21世纪才是真正"脑的时代"。因此，也许我们真的应该为脑科学接下来的发展切切实实做点什么。脑不可思议的功能中还有许多未解之谜，本书所讲的内容也存在部分没有得到充分证明的情况。然而，正因为存在未解之谜，脑才具有不可思议的魅力。如果本书能让您对"脑"产生兴趣，那么我们不妨一起探究脑的奥秘。研究是一个快乐且深邃的世界。如果有这样的意愿，那么不妨果断地走进这样的世界。作为作者，我将不胜荣幸。我在脑科学的前沿，等待大家。

最后，我要对在本书出版期间给予宝贵意见的编辑高月顺一先生、在信息泛滥的网络中发掘到我个人主页的篠木和久先生、在本书出版时给予欣然支持和关怀的东京大学药学部药品作用学研究室的松木则夫教授，以及给予我莫大帮助的诸位朋友和研究室的同仁表示由衷的感谢。

《KIOKURYOKU O TSUYOKU SURU SAISHIN NO-KAGAKU GA KATARU KIOKU NO SHIKUMI TO KITAEKATA》
© Yuji Ikegaya 2001
All rights reserved.
Original Japanese edition published by KODANSHA LTD.
Publication rights for Simplified Chinese character edition arranged with KODANSHA LTD. through KODANSHA BEIJING CULTURE LTD. Beijing, China.
本书由日本讲谈社正式授权，版权所有，未经书面同意，不得以任何方式做全面或局部翻印、仿制或转载。

著作权合同登记号：字 18-2025-095

图书在版编目（CIP）数据

记忆脑科学/（日）池谷裕二著；范宏涛译.
长沙：湖南科学技术出版社, 2025.6. -- ISBN 978-7-5710-3435-1

Ⅰ. B842.3-49
中国国家版本馆 CIP 数据核字第 2025Z9Y487 号

JIYI NAOKEXUE

记忆脑科学

著　者：	[日] 池谷裕二
译　者：	范宏涛
出 版 人：	潘晓山
责任编辑：	刘　竞
出 品 方：	好读文化
出 品 人：	姚常伟
监　制：	毛闽峰
策划编辑：	姜晴川
特约策划：	颜若寒
文案编辑：	高晓菲
营销编辑：	刘　珣　大　焦
装帧设计：	末末美书
原书照片：	樱花工艺社
内文插图：	泷泽时彦
篇章页照片：	池谷裕二
版式设计：	鸣阅空间
出　版：	湖南科学技术出版社
	（湖南省长沙市芙蓉中路 416 号　邮编：410008）
网　址：	www.hnstp.com
印　刷：	北京美图印务有限公司
经　销：	新华书店
开　本：	875 mm×1230 mm　1/32
字　数：	174 千字
印　张：	7.75
版　次：	2025 年 6 月第 1 版
印　次：	2025 年 6 月第 1 次印刷
书　号：	ISBN 978-7-5710-3435-1
定　价：	59.80 元

若有质量问题，请致电质量监督电话：010-59096394
团购电话：010-59320018